MEU BRASIL AFRICANO

TERESA SILVA TELLES

MARIANA MELO

Diretor superintendente	Jorge Yunes
Diretora adjunta editorial	Célia de Assis
Editora	Nina Basílio
Assistente editorial	Ubiratã Souza
Revisão	André Tadashi Odashima Luiz Gustavo Bazana Maria Inez de Souza
Coordenadora de arte	Karina Monteiro
Assistentes de arte	Carlos Alexandre Miranda Gustavo Ramos Marilia Vilela Nane Carvalho
Coordenadora de iconografia	Maria do Céu Pires Passuello
Assistentes de iconografia	Adriana Neves Wilson de Castilho
Cartografia	Mario Yoshida
Produção gráfica	José Antônio Ferraz
Assistente de produção gráfica	Eliane M. M. Ferreira
Projeto gráfico e editoração eletrônica	Departamento de Arte – IBEP
Capa	Departamento de Arte – IBEP
Imagens da capa	Marco Antônio Sá/Pulsar Imagens Shutterstock Jessie Lee Eduardo Anizelli/Folhapress

Dados Internacionais de Catalogação na Publicação (CIP)
(Câmara Brasileira do Livro, SP, Brasil)

Telles, Teresa Silva
Meu Brasil africano / Teresa Silva Telles, Mariana Melo. -- 2. ed. -- São Paulo : IBEP, 2013.

ISBN 978-85-342-3714-7 (aluno)
ISBN 978-85-342-3715-4 (professor)

1. África - Civilização 2. África - História 3. Brasil - Civilização - Influências africanas 4. Cultura afro-brasileira 5. Escravidão - Brasil - História 6. Negros - Brasil - História I. Melo, Mariana. II. Título.

13-10334 CDD-981

Índices para catálogo sistemático:
1. Brasil : Influências africanas : História 981

2ª edição – São Paulo – 2013

Av. Alexandre Mackenzie, 619 - Jaguaré
São Paulo - SP - 05322-000 - Brasil - Tel.: (11) 2799-7799
www.editoraibep.com.br editoras@ibep-nacional.com.br

CTP, Impressão e Acabamento IBEP Gráfica
42296

SUMÁRIO

APRESENTAÇÃO

> A África não era uma página em branco antes da invasão colonial; havia produzido conhecimentos e técnicas, além de obras de grande valor nos campos da arquitetura, escultura, música, dança, poesia e literatura oral.
>
> O Correio da Unesco, jul. 1997

Entre os séculos XVI e XIX, cerca de onze milhões de africanos, metade deles oriundos da África ocidental, foram embarcados como escravos nos portos do continente em direção às Américas, sendo aproximadamente cinco milhões destinados ao Brasil. De variadas etnias originárias da região subsaariana, muitos deles nobres e guerreiros em suas terras, trouxeram na bagagem diversos conhecimentos científicos, nas áreas da agricultura, pecuária, metalurgia, mineração, entre outras.

Chegaram ao Brasil, originárias da África, através do oceano Atlântico, variadas histórias e culturas dos povos africanos que estabeleceram relações com os povos indígenas e com o europeu. Juntos construíram uma outra identidade e têm, ao longo do tempo, construído a história e produzido a cultura brasileiras.

No entanto, durante muito tempo e até recentemente, a maioria dos livros de história e de geografia dos ensinos Fundamental e Médio reduzia os africanos a uma única identidade, sem levar em consideração a diversidade cultural dos povos que habitavam o continente africano antes da chegada dos europeus. Reproduziam a visão estabelecida pelo colonizador europeu ao longo dos séculos, revelando portanto um desconhecimento da própria história do Brasil.

Aos poucos, o país foi tomando consciência da necessidade de reconhecer e valorizar a identidade, a cultura e a história dos negros no Brasil, promover o ser humano na sua integralidade e estimular a formação de valores, hábitos e comportamentos que respeitem as diferenças e as características próprias de todos os grupos étnicos e minorias. Isso foi reconhecido pelo poder público brasileiro, e o Governo Federal incluiu a História e Cultura Afro-Brasileira, bem como a Indígena, nos currículos da Educação Básica de nosso país.

Este livro pretende juntar-se a esses esforços. Na primeira parte, nos capítulos 1 ("Áfricas"), 2 ("O civilizador africano") e 3 ("A resistência do continente"), vamos conhecer a história, a produção cultural, científica e tecnológica do continente africano e perceber que o negro que veio para o Brasil como escravo trouxe uma bagagem riquíssima e muito importante para a formação do povo e do território brasileiro. Na segunda parte, nos capítulos 4 ("Escravismo e resistência"), 5 ("A matriz africana") e 6 ("Brasil: país mestiço") vamos identificar e discutir a nossa matriz africana na cultura, na produção científica e tecnológica e nas atividades econômicas, conhecer a história da mestiçagem da população brasileira e discutir o mito da "democracia racial".

Esperamos assim contribuir para a difusão do conhecimento sobre a matriz africana de nosso país, identificando o negro, trazido para o Brasil como escravo, como agente da nossa história, que contribuiu para a formação da nossa cultura, língua, modo de ser, agir, pensar e fazer, para que possamos assumir plenamente que somos todos afrodescendentes.

As autoras

PARTE I
DESCOBRINDO A ÁFRICA

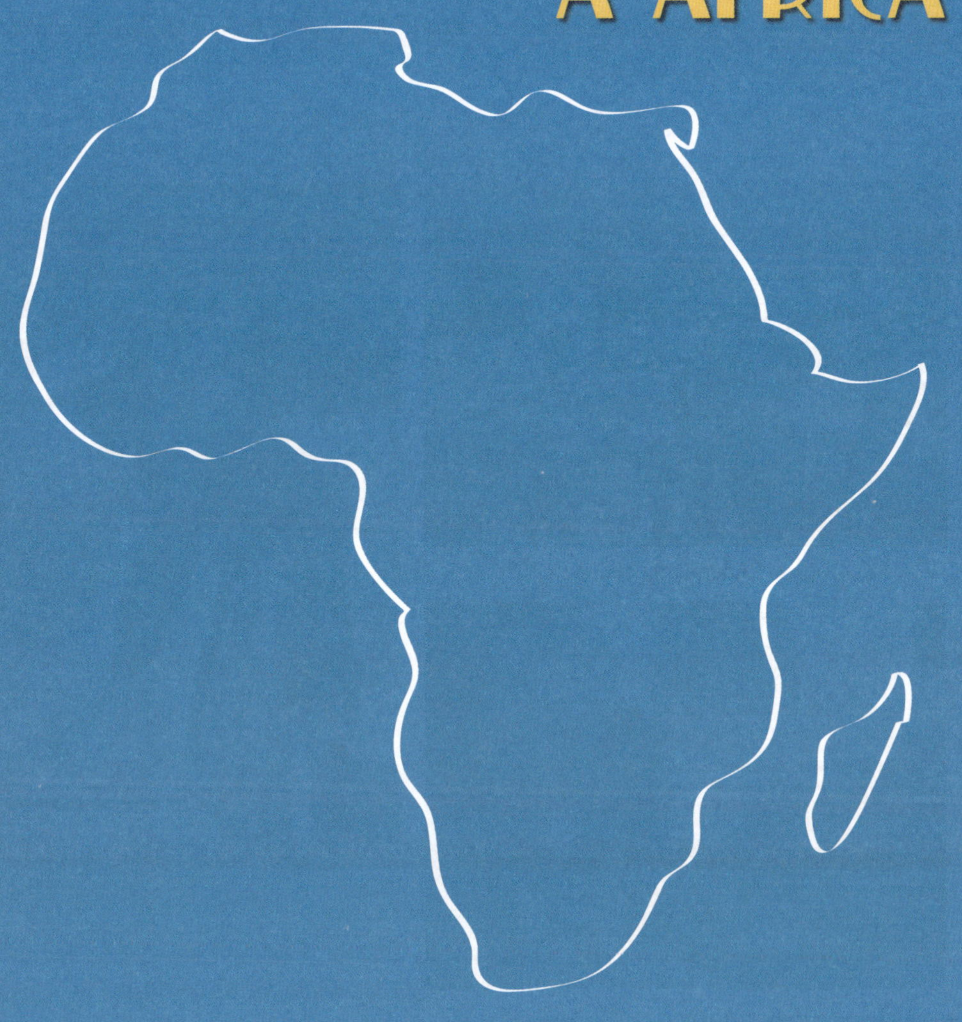

CAPÍTULO 1 – ÁFRICAS

Esse continente é demasiadamente grande para ser descrito. É um verdadeiro oceano. Um planeta diferente, composto de várias nações, um cosmo múltiplo. Somente por comodidade simplificamos e dizemos "África".

Ryszard Kapuscinski. *Ébano – Minha vida na África.* São Paulo: Companhia das letras, 2002.

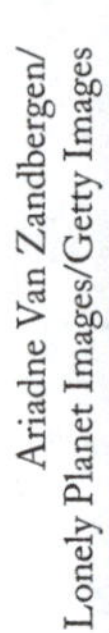
Ariadne Van Zandbergen/ Lonely Planet Images/Getty Images

Vista da cidade de Lüderitz, na Namíbia.

Jenny Pate/Keystone

Centro comercial de Abidjan, na Costa do Marfim.

Poco Bw

Mãe e filho em Brazzaville, na República do Congo.

VISÕES SOBRE A ÁFRICA

O continente africano, terceiro maior do mundo, ocupa uma área de aproximadamente 30 milhões km^2 e é ligado à Ásia pelo istmo de Suez, cortado pelo canal do mesmo nome. Limita-se ao Norte com o mar Mediterrâneo, ao Sul com os oceanos Atlântico e Índico, a Leste com o mar Vermelho e o oceano Índico e a Oeste com o oceano Atlântico. Localizado em grande parte na zona climática tropical, seu clima é predominantemente quente.

A palavra "África" tem origem latina e, ao longo do tempo, a ela foram atribuídos diferentes significados. Segundo alguns estudiosos, "África" provém do latim *aprica*, "ensolarado", ou do grego *aphriké*, "sem frio", ou seja, terra quente e ensolarada.

Outros consideram que a palavra deriva de Avringa ou Afrig, nome de um povo **berbere** que habitava a região chamada Numídia, no norte do continente, entre Cartago (cidade localizada na moderna Tunísia) e a atual Mauritânia.

A partir da conquista romana da cidade de Cartago (que era então uma cidade-Estado fenícia), nas chamadas guerras púnicas, entre os cartagineses e o Império Romano, nos séculos III e II a.C., a região situada ao sul do mar Mediterrâneo passou a ser conhecida como "África". Na época moderna, com as **expansões marítimas** e a formação dos impérios coloniais europeus, o termo "África" passou a ser utilizado para denominar todo o continente. Por conta das dificuldades encontradas pelos europeus para avançar pelo interior do continente, a palavra "África" ganhou também, sobretudo para os portugueses, o sentido de façanha, proeza.

berbere: denominação atribuída a um conjunto de povos que estão entre os mais antigos habitantes do norte da África. Os tuaregues, povo seminômade do deserto do Saara, são um exemplo de povo berbere.
expansões marítimas: processo de expansão via navegações oceânicas com o objetivo de conquistar terras e bens, realizado pelas potências europeias entre os séculos XV e XVI. Levou à abertura de novas rotas comercias nos oceanos Atlântico e Índico, à formação de impérios coloniais e à acumulação de capital por parte dos países europeus.

Divisão política da África (atual)

Fonte: Adaptado de IBGE. *Atlas geográfico escolar*. Rio de Janeiro: IBGE, 2009; e CIA. *The World Factbook*. Disponível em: <https://www.cia.gov/library/publications/the-world-factbook/geos/od.html>. Acesso em: ago. 2012.

Durante muito tempo e até recentemente, a maioria dos livros escolares de história e de geografia publicados no Brasil referia-se ao continente africano de forma simplista, sem levar em consideração a diversidade cultural dos povos que habitavam o continente antes da chegada dos europeus. Ao abordar as primeiras civilizações do mundo, tratavam unicamente do Egito no que se refere à África, ignorando a existência de outros povos e reinos estabelecidos no continente desde a Antiguidade.

Desde 2003, com a promulgação da Lei Federal 10.639, que estabeleceu a obrigatoriedade do ensino de história da África e da cultura afro-brasileira nas escolas brasileiras, os livros didáticos começaram a buscar um novo olhar para o continente e passaram então a abordar os Estados, reinos e impérios que lá se desenvolveram, contemporâneos aos reinos medievais europeus ou, em muitos casos, muito mais antigos do que eles. Egito, Núbia, Etiópia, Mali, Cuxe e Axum são alguns exemplos da grande variedade de organizações humanas no continente africano na Antiguidade.

Os conceitos "europeu", "americano", "africano" e "asiático" representam, cada qual, um continente como um todo, ou seja, sua extensão, sua localização e suas características físicas, mas não definem a identidade de todos os povos que os compõem. Do mesmo modo que não conseguimos pensar em um "povo europeu", apesar da existência do bloco político e econômico formado pela União Europeia e da criação do euro, a moeda comum aos países desse bloco, é impossível pensar em um "povo africano".

Cada um dos povos que habitam hoje a Europa fizeram sua história, criaram sua cultura, construíram uma identidade e hoje nesse continente vivem ingleses, franceses, belgas, alemães, sérvios, croatas, dentre outros povos.

Também a África é um continente onde vivem hoje diversos povos, que criaram sua cultura, fizeram sua história e construíram uma identidade própria, tais como angolanos, moçambicanos, marroquinos, egípcios, sudaneses, somalis, guineenses, sul-africanos.

Mia Couto, escritor moçambicano reconhecido e premiado internacionalmente, conta, no prefácio de um livro de Leila Leite Hernandez , intitulado *A África na sala de aula*, um episódio em que foi personagem dessa "falsa ideia" de que os africanos constituem um povo único.

Aconteceu em um debate, num país europeu. Da assistência, alguém me lançou a seguinte pergunta:
- Para si o que é ser africano?
Falava-se, inevitavelmente, de identidade *versus* globalização. Respondi com uma pergunta:
- Para si o que é ser europeu?
O homem gaguejou. Ele não sabia responder. Mas o interessante é que, para ele, a questão da definição de uma identidade se colocava naturalmente para os africanos. Nunca para os europeus [...]

Leila Leite Hernandez. *A África na sala de aula*. São Paulo: Selo Negro, 2005.

Essa abordagem retrata o desconhecimento da história do continente africano e reproduz uma **visão eurocêntrica** da história ocidental. A redução da África a uma única identidade, sem considerar a diversidade cultural dos povos que lá habitam, teve origem na relação estabelecida entre os colonizadores europeus e aquele continente ao longo dos séculos. Os europeus buscavam riquezas – especiarias, marfim, metais preciosos –, além da exploração do tráfico de mão de obra escrava, e não tinham interesse pela diversidade cultural africana.

eurocentrismo: visão de mundo em que o continente europeu e a cultura ocidental europeia são tomados como centro do mundo e referência a partir da qual se observam e analisam os demais povos e civilizações.

O título do primeiro capítulo livro, "Áfricas", revela nossa intenção de romper com uma visão eurocêntrica da história e da geografia do continente africano e mostrar um outro olhar acerca dos povos que lá viveram e os que hoje vivem.

ANTIGOS REINOS E IMPÉRIOS DO CONTINENTE AFRICANO

O mapa a seguir identifica alguns dos principais reinos e impérios do continente africano, tratados em seguida.

Antigos reinos e impérios do continente africano

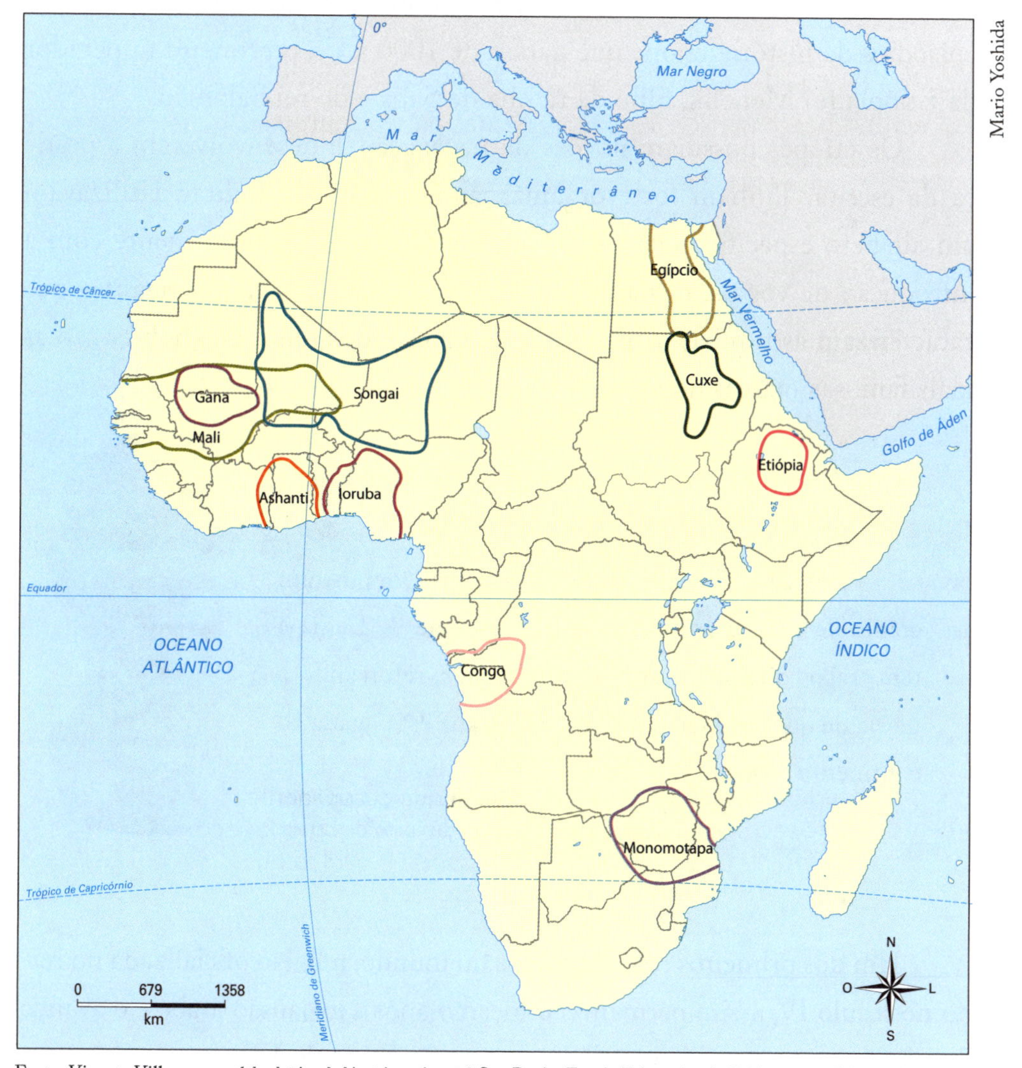

Fonte: Vicente Villacampa. *Atlas básico de história universal*. São Paulo: Escala Educacional, 2007, p. 38; e Marina Mello e Souza. *África e Brasil africano*. São Paulo: Ática, 2006, p. 15.

Reino da Etiópia

Localizado no vale do Nilo, vizinho aos antigos Egito e Núbia, acredita-se que a Etiópia tenha sido o berço da humanidade. Segundo a maioria das teorias sobre a origem da humanidade e seus movimentos migratórios, teria sido naquela região que surgiu o *Homo sapiens* há cerca de 200 mil anos.

O Reino da Etiópia, também chamado historicamente de Abissínia, é um dos mais antigos reinos africanos. Segundo a narrativa bíblica, que conta episódios da história etíope que datam de 1000 a.C., o primeiro imperador da Etiópia foi Menelik, filho da rainha de Sabá e do rei Salomão.

Os etíopes possuíam noções de navegação, e desenvolveram a prática da escrita. Tinham forte organização econômica e militar. Utilizavam um alfabeto específico chamado Ge'ez, modificado posteriormente com a introdução de vogais, tornando-se alfa-silábico. Os obeliscos gigantes que caracterizam as tumbas (câmaras subterrâneas) dos reis e dos nobres são as mais famosas marcas do reino.

Em 1975 foi encontrado, em Minas Gerais, um crânio de 11 mil anos que recebeu o nome de **Luzia** e tem traços que lembram povos africanos, reforçando a teoria de que a origem da espécie humana está ligada ao continente africano.

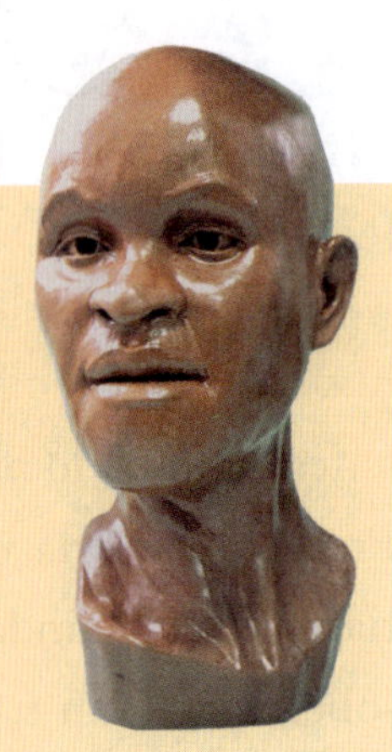

Reconstituição artística do rosto de Luzia.

Museu Nacional do Rio de Janeiro

Um dos primeiros reinos cristãos do mundo, religião oficializada no reino no século IV, assim permaneceu mesmo após a expansão árabe e o avanço do islamismo no continente africano, a partir do século VII.

Top Photo Corporation/Getty Images

Igreja cristã construída no norte da Etiópia no século XII.

No século XII, o rei Lalibela ordenou a construção de onze igrejas cristãs escavadas na pedra, no norte da Etiópia, que se tornaram locais de peregrinação.

Segundo relatos de mercadores e viajantes que estiveram na África nos séculos XV e XVI, a Etiópia era o reino do legendário rei Preste João, antes imaginado na Índia. Para os europeus, Preste João seria um rei cristão que existiria em terras ainda desconhecidas por eles, soberano de um território abundante em riquezas. Assim, esse mítico rei seria de fato um imperador etíope. Fascinados, os reis europeus por diversas vezes enviaram pessoas de confiança para essa região da África, recebendo relatos fantásticos sobre um reino com muitas maravilhas.

Imagem de Preste João em mapa do século XIV. Atlas Queens Mary's, Museu Britânico.

Egito antigo

EGITO ANTIGO

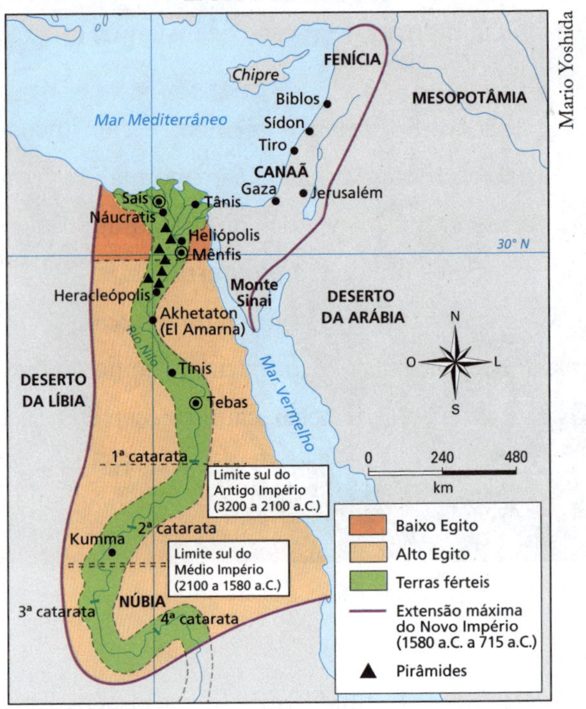

Fonte: José Jobson de Arruda. *Atlas histórico básico*. São Paulo: Ática, 2005, p.6.

Desde 5 000 anos antes da era cristã, desenvolveram-se no Nordeste do continente africano, às margens do rio Nilo, povoados que formariam reinos e, mais tarde, seriam unificados em um império (3 200 a.C.), que passaria por diversas fases até sua extinção, no ano 30 antes da era cristã. O Império Egípcio era uma monarquia teocrática. Seus soberanos, os faraós, eram considerados encarnação dos deuses, tendo atribuições religiosas, militares, administrativas e jurídicas. Eram responsáveis pela construção e manutenção dos santuários e dos cultos divinos, além de organizarem a construção de obras hidráulicas para o melhor aproveitamento das terras fertilizadas pelas enchentes do rio Nilo. Sua economia baseava-se na agricultura e na utilização de mão de obra escrava e de camponeses que pagavam tributos sob a forma de trabalho. A crença na vida após a morte levou os egípcios a desenvolverem técnicas de conservação dos corpos através da mumificação.

A partir do século I a.C., o Império Egípcio sofreu a dominação dos persas, e, posteriormente, dos gregos. No século VII, com a expansão do mundo árabe, o Egito passou por um processo de islamização, ou seja, de conversão à religião islâmica.

Com avançados conhecimentos técnicos e científicos, os egípcios desenvolveram o estudo da matemática, da astronomia, da geometria e da engenharia, deixando um legado de grandes obras hidráulicas e a construção das famosas pirâmides onde os faraós eram enterrados.

Quase trinta séculos antes de Hipócrates – que costuma ser considerado o "pai da medicina" –, os egípcios já conheciam e aplicavam conhecimentos de fisiologia, anatomia, assepsia, anestesia, cauterização e farmacologia.

Wrangel

Templo do faraó Ramsés II, em Abu Simbel, Egito.

Natalia Pavlova

Detalhe do Templo de Karnak, no Alto Egito, próximo a Luxor, integrando sítio histórico de Tebas.

Reino de Cuxe (Núbia)

A antiga Núbia, cujas origens datam de mais de três milênios antes da era cristã, localizava-se no vale do rio Nilo, onde hoje se situam o Egito e o Sudão. A palavra "núbia" deriva da palavra *noub*, que significa "ouro", e, de fato, a região era rica em ouro, além de marfim. Entre as cidades núbias mais importantes estão Méroe e Napata. Os reis núbios, assim como os faraós egípcios, eram enterrados em pirâmides. Na Núbia desenvolveu-se a notável cultura cuxe, cujo reino teve seu auge entre os séculos VIII a.C. e IV d.C.

Com a independência dos países africanos, a partir da segunda metade do século XX, os núbios ficaram divididos entre o Egito e o Sudão.

O Sudão, país localizado no norte da África, possui mais pirâmides do que o Egito. Construídas numa região desértica, serviram de túmulos para 73 integrantes da nobreza núbia, entre reis e rainhas.

Daniel Loncarevic

Pirâmides de faraós núbios em Méroe, Sudão.

Reino de Gana

Fundado no século IV, o Reino de Gana entrou em declínio a partir do século XIII, quando foi dominado pelo Império do Mali. Localizava-se entre o deserto do Saara e os rios Níger e Senegal e incluía os territórios que hoje constituem o Mali ocidental e o sudeste da Mauritânia, não tendo ligação com o atual país de Gana.

Essas terras eram chamadas de Uagadu e receberam o nome de Gana porque esse era o título de seus soberanos. O reino era conhecido como o império do ouro, pois era importante centro de comércio desse metal precioso.

O Reino de Gana

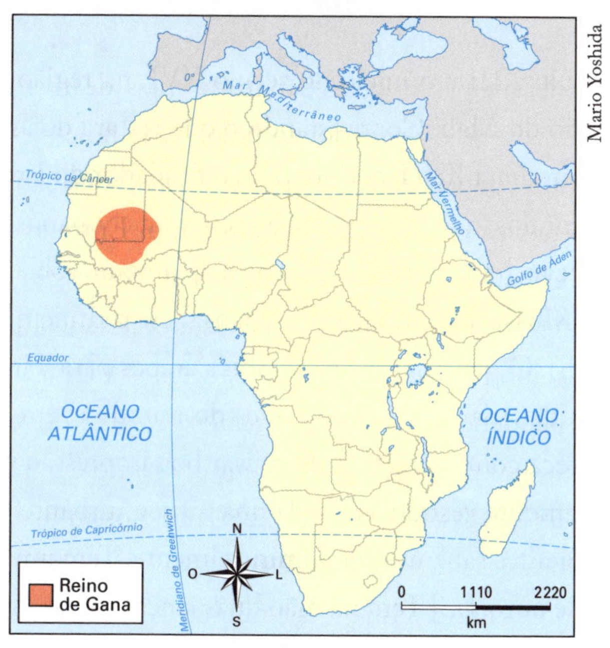

Mario Yoshida

Fonte: Marina de Mello e Souza. *África e o Brasil africano*. São Paulo: Ática, 2006, p. 15.

Os povos que habitavam o Reino de Gana dominavam técnicas de mineração e, além disso, desenvolveram a agricultura e a pecuária. Parte dessas técnicas ligadas à metalurgia e à agricultura tropical, desenvolvidas por diversos povos muito antes da chegada dos europeus ao continente africano, foram posteriormente utilizados por negros escravizados no Brasil, na extração de ouro e diamantes a no cultivo da cana, do algodão e do café.

Konstantin Kalishko

Máscara de ouro antiga, Reino de Gana.

Além da mineração, desenvolveram a agricultura e a pecuária. Relatos da época descrevem a riqueza do lugar, onde os reis cobriam-se com finos tecidos e adornos de ouro, ladeados por pajens que portavam escudos e espadas também decorados com ouro.

Império do Mali

Entre o século XIII e o início do século XVI, na região do alto Níger, floresceu o Império do Mali. Conquistando o que restara do antigo Reino de Gana, em 1240, Sundiata Keita, considerado o fundador do Império do Mali, expandiu seus domínios, que já eram oficialmente muçulmanos desde o século anterior. O Mali teve grande visibilidade, principalmente sob a administração do mansa Kango Mussa, no século XIV ("mansa" era o título que recebiam os soberanos do Mali). O governante levou sábios árabes para Timbuctu, cidade que abrigava uma das maiores universidades do mundo e, em 1324, fez uma peregrinação à Meca com o objetivo de causar boa impressão aos chefes árabes: "Está soberbamente vestido, em seda fina. O seu turbante está ornado de franjas, que estas gentes sabem fazer admiravelmente. Tem um sabre a tiracolo, cuja bainha é de ouro. [...] Tem na mão duas lanças curtas. Uma é de prata, a outra é de ouro" (relato do cronista muçulmano Ibn Batuta, que visitou o Mali entre os anos 1352-1353, citado em Joseph Ki-Zerbo, *História da África Negra I,* Lisboa: Publicações Europa-América, s/d.).

O desenvolvimento econômico desse reino foi possível graças à integração das rotas comerciais de sal e de ouro transaarianas, ou seja, rotas que cortavam o deserto do Saara. As cidades de Timbuctu, Goa e Djené foram

Biblioteca Nacional, Paris

Imagem de manuscrito catalão de 1375, que retrata o imperador mansa Mussa. Embaixo do globo que Mussa segura na mão direita está a representação da cidade de Timbuctu.

importantes centros universitários e culturais, atraindo estudantes de toda a África Ocidental. Os povos que compunham esse império, como o povo dogon, pareciam ter conhecimentos bastante aprofundados de astronomia (os conhecimentos de astronomia do povo dogon são citados no capítulo 2).

No século XV, o Reino de Songai, que fazia parte do Império do Mali, conquistou esse território, fundando um novo império.

Império Songai

Em uma região dominada anteriormente pelo Império Mali, onde nos dias atuais localizam-se os países do Níger e de Burkina Faso, existiu o Império Songai do início do século XV até o final do século XVI. Essa região, no limite do deserto do Saara com a floresta, é dominada por uma vegetação de savana. A capital do Império Songai era a cidade de Gao, situada às margens do rio Níger.

Os povos habitantes desse reino utilizavam técnicas de plantio e de irrigação por canais que lhes permitiam o aproveitamento das águas do rio Níger, técnicas como as que foram aperfeiçoadas e trazidas para o Brasil pelos escravos, utilizadas na produção da cana-de-açúcar e do café.

O ouro e o sal serviam de moeda corrente em Songai, mas a principal moeda de troca utilizada até meados do século XIX – do Sudão à China – era o *cauri*, um tipo de concha de molusco. Preocupado com fraudes no comércio, o Império Songai unificou as unidades de pesos e medidas utilizadas na região.

Reinos Iorubas

Formados entre os séculos VI e XI por uma federação de cidades autônomas, ao sul do rio Níger, sudoeste da atual Nigéria, os reinos iorubas mantinham uma organização política que conciliava uma estrutura aristocrática com elementos democráticos, em que o tempo do reinado dos soberanos era limitado e a administração das cidades contava com uma assembleia, conselho de notáveis que eram responsáveis por acompanhar e fiscalizar as medidas adotadas pelos reis.

As cidades eram fortificadas e, a partir do século XIX, entraram em guerra umas com as outras na disputa pela participação no lucrativo negócio do tráfico de escravos. A cidade de Ife, na atual Nigéria, foi o principal centro da cultura ioruba.

Reino do Congo

O Reino do Congo existiu entre os séculos XIV e XIX, no Sudoeste do continente africano, no território que hoje corresponde ao noroeste de Angola (incluindo Cabinda), ao Congo, à parte ocidental da República Democrática do Congo e à parte centro-sul do Gabão. Esse reino estendia-se desde o oceano Atlântico, a oeste, até o rio Cuango, a leste, e do rio Oguwé, no atual Gabão, a norte, até o rio Cuanza, a sul.

O Reino do Congo, fundado por um ferreiro, era centralizado e governado por um rei, o *manicongo* ou "senhor do Congo". A agricultura e o pastoreio eram a base da economia, sendo a maior parte da população constituída de camponeses.

Somente os mais ilustres do reino podiam trabalhar na metalurgia. Estes, especialistas em fundir ferro para a produção de ferramentas, armas e joias, introduziram na lavoura a enxada, uma espécie de arado e diversos tipos de machados que serviam tanto para cortar madeira como para o uso em guerras. Muitos ferreiros originários desse reino, que vieram para o Brasil na condição de escravos, eram utilizados para a produção de ferramentas nas fazendas de café da região Sudeste, sendo valorizados por sua habilidade no trabalho com a metalurgia.

Achados arqueológicos da década de 1950 indicam que povos habitantes na região tinham aprofundados conhecimentos de matemática e astronomia há mais de vinte mil anos.

O comércio de sal, metais e peixe era também bastante desenvolvido. A moeda utilizada era o *zimbo*, uma espécie de concha típica da região de Luanda.

Convertido à religião católica, o Reino do Congo foi oficialmente reconhecido por Portugal e pelo Papa a partir do século XVI e tornou-se um importante aliado comercial dos portugueses no estabelecimento da rota do tráfico de escravos transatlântico. O processo de aculturação vivido pelo reino a partir do contato com os europeus introduziu elementos cristãos à cultura local, fazendo com que alguns reis aprendessem a escrever em português e muitos negros oriundos dessa região chegassem ao Brasil já conhecendo o cristianismo.

Rainha Ginga

Nginga M'bandi de Angola, que ficou conhecida como a lendária **Rainha Ginga** durante seu governo (de 1581 a 1663) fez forte oposição à dominação de Portugal nessa região da África. Essa rainha, que pertencia ao povo ginga, do território de Ndongo, hoje localizado na moderna Angola, tornou-se símbolo de resistência não só em Angola mas também em todo o continente africano.

J.L Castilhon

Rainha Ginga, que governou o Reino do Congo de 1581 a 1663.

Reino do Benin

A oeste do rio Níger, atual Nigéria, localizava-se o Reino do Benin, do século XII ao século XIX, tendo seu apogeu no século XV. O soberano do reino, denominado obá, era um monarca absoluto e, além de atribuições administrativas, era responsável pelas questões espirituais dos súditos, exercendo também a função de sacerdote.

A cidade de Benin era cercada por muros e por um fosso profundo. Largas avenidas e muitas edificações davam à capital do reino um aspecto mais urbanizado que muitas cidades europeias da época. Os reis viviam em um enorme palácio, adornado com imponentes esculturas de bronze que retratavam os acontecimentos da vida diária. Essas esculturas constituem um dos aspectos mais significativos dessa civilização.

Reino do Benin

Fonte: Fábio Baqueiro Figueiredo. *História da África*. Curso de Formação para o Ensino de História e Cultura Afro-brasileiras. Centro de Estudos Afro-Orientais (CEAO/UFBA).

O comércio era uma atividade econômica muito importante, sendo a cidade de Benin um ponto de encontro dos mercadores das regiões próximas. Por ela passavam o peixe seco e o sal, que, originários da costa, seguiam para as savanas do norte. Do interior para o litoral vinham o inhame, o dendê, os feijões, os animais de criação.

Placa de bronze de guerreiros do Benin com espadas cerimoniais, sécs. XVI-XVIII, Museu do Louvre, Pavillon des Sessions.

Reino do Daomé

O Reino do Daomé existiu do século XVII ao final do século XIX, quando foi conquistado e incorporado ao império colonial francês na África Ocidental. Situava-se na costa ocidental africana, onde hoje se localiza a República do Benin. Estado altamente centralizado, sua cultura baseava-se no culto aos antepassados, com a prática de rituais de sacrifício (incluindo sacrifícios humanos).

Os reis do Daomé envolveram-se em guerras para expandir seu território, organizando exércitos que contavam com a participação de tropas femininas, as amazonas, mulheres virgens ou celibatárias que recebiam uma educação voltada para o combate. Utilizavam armas de fogo compradas aos europeus em troca de prisioneiros, que foram vendidos como escravos nas Américas.

Livraria Pública de Nova Iorque

Frederick E. Forbes. *Rei Guezo do Daomé*, 1851.

Livraria Pública de Nova Iorque

Frederick E. Forbes. *Seh-Dong-Hong Beh*, líder das guerreiras do *Daomé*, 1851.

Reino do Daomé

Mario Yoshida

Fonte: Fábio Baqueiro Figueiredo. *História da África*. Curso de Formação para o Ensino de História e Cultura Afro-brasileiras. Centro de Estudos Afro-Orientais (CEAO/UFBA).

Enriquecendo com o comércio escravista e a exportação de azeite de dendê, o Reino do Daomé viveu seu apogeu econômico no século XIX. Um dos mais importantes fornecedores de mão de obra para as colônias europeias na América, seu litoral era conhecido como Costa dos Escravos. O baiano Francisco Félix de Souza, o Chachá, viveu nesse reino e tornou-se um rico e poderoso traficante de escravos graças à sua proximidade com o rei, sendo responsável pelo embarque de milhares de negros para o continente americano, especialmente para o Brasil e para Cuba.

Império Ashanti

No oeste da África, onde hoje estão situados os países de Gana e da Costa do Marfim, do século XVIII ao século XIX, estabeleceu-se o Império Ashanti. Sob o comando de um príncipe que centralizou o poder a partir do início do século XVIII, formava uma federação de pequenos reinos que usavam a mesma língua.

Sua economia baseava-se inicialmente no comércio do ouro, de noz-de-cola e marfim. A presença europeia na costa ocidental africana consolidou-se com a construção de dezenas de fortes, que funcionavam como entrepostos de comércio de ouro e, posteriormente, de escravos, garantindo assim a remessa de cativos para a América e o enriquecimento do Império Ashanti. Aliados dos europeus no negócio do tráfico de escravos, houve também a presença de europeus na administração do Império Ashanti, nomeados para ocupação de tarefas não militares.

IMPÉRIO ASHANTI

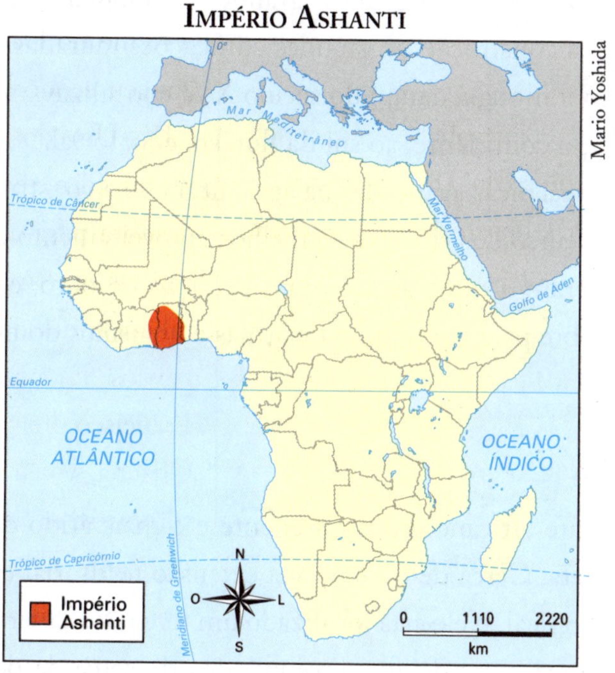

Mario Yoshida

Fonte: Joseph Ki-Zerbo. *História da África Negra I*. Lisboa: Publicações Europa-América, s/d.

Estados Hauçás

Formados a partir do século XII entre os rios Níger e Chade, no norte da atual Nigéria, os estados Hauçás constituíam-se inicialmente de sete cidades-estados, integrando outras posteriormente. O rei era eleito por um grupo de notáveis e seu poder era compartilhado com um primeiro-ministro, um chefe do exército e outros administradores.

Embora uma parte da população se ocupasse da produção agrícola, as cidades destacaram-se no desenvolvimento de uma manufatura de produtos de couro, sapatos, panelas, objetos de ferro e de ouro e tecidos bordados. Desempenharam um papel de destaque no comércio entre as regiões Norte e Subsaariana do continente africano, constituindo-se como importantes pontos de abastecimento e troca de diversos produtos.

Reinos do Zimbábue e Monomotapa

A palavra "Zimbábue" significa "grande casa de pedra", sendo característica da região a construção de grandes edificações muradas. Os reinos do Zimbábue e Monomotapa datam do século XVI e localizavam-se na porção centro-oriental do continente, ao sul da floresta equatorial.

Utilizavam técnicas avançadas na agricultura, seja construindo terraços, seja desviando o curso dos rios para o melhor aproveitamento do solo. Além disso, desenvolveram a mineração, com a extração de ouro, e a metalurgia, trabalhando o cobre para a produção de armas e utensílios domésticos.

GEOGRAFIA

O continente africano é o mais quente e o mais árido dos cinco continentes do planeta. Cerca de 80% de sua extensão territorial encontra-se na zona climática tropical. Nele está localizado um terço dos desertos do mundo, sendo o Saara o principal deles, com uma área de cerca de dez milhões de quilômetros quadrados de terras áridas.

Há cerca de sete mil anos, a região do Saara era cortada por cursos de água, possuía um solo fértil onde era possível o cultivo de grãos e legumes e era coberta por uma rica vegetação. Mas, por conta de sucessivos períodos de grande seca, formou-se uma área desértica. Recentemente o deserto vem crescendo, ampliando sua extensão, seja pela ação da natureza, com o vento carregando a areia do deserto para outras áreas, seja pela ação humana que, utilizando práticas agrícolas, entre outras, que favorecem a desertificação, vem interferindo na natureza da região.

Contrastando com o clima árido do deserto, esse continente possui um clima úmido na região da Floresta do Congo, uma Floresta equatorial com características semelhantes à Floresta Amazônica. A Floresta do Congo atuou como uma barreira natural à penetração dos europeus no interior do continente a partir do século XV, pois estes não resistiam às doenças transmitidas pelos insetos existentes nessa espécie de vegetação, tais como a mosca tsé-tsé, que transmite um parasita que causa a doença do sono, e o mosquito *Anopheles*, responsável pela transmissão da malária, dentre outras doenças. Se, por um lado, as características naturais da região contribuíram para preservar os povos que ali viviam, dificultando a invasão europeia, por outro, impediram a penetração do gado nessa parte do continente, já que os rebanhos eram vítimas da mosca de tsé-tsé, e dificultaram também o desenvolvimento da atividade agrícola.

Geoensino

Fonte: Wikimedia Foundation

AS DIVISÕES REGIONAIS

Os geógrafos, frequentemente, utilizam duas divisões regionais distintas ao se referirem à África. A primeira delas, mais usual atualmente, seguindo critérios étnicos e culturais, toma como referência espacial o deserto do Saara e divide o continente africano em duas regiões: a África do Norte e a África Subsaariana. Na linha que divide essas duas regiões, está o Sael, faixa que se estende do oceano Atlântico ao mar Vermelho, território de transição entre o deserto e as florestas ao sul. A segunda divisão regional da África baseia-se em características históricas, socioeconômicas e culturais, e divide o continente em macrorregiões que apresentam algumas variações, dependendo da abordagem.

África do Norte e África Subsaariana

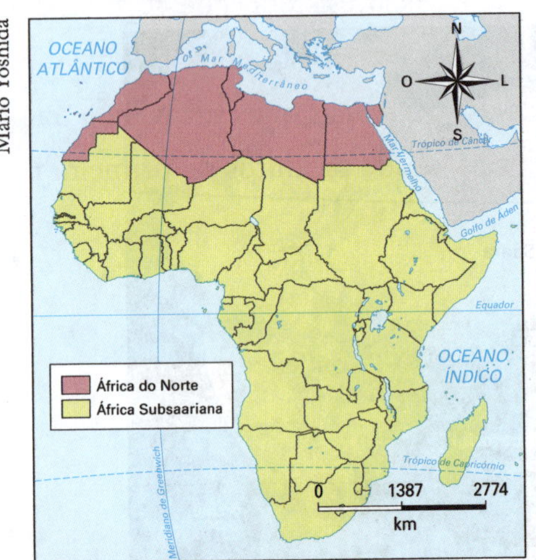

Fonte: Graça M. L. Ferreira. *Atlas geográfico*: espaço mundial. São Paulo: Moderna, 2003, p.61.

As cinco macrorregiões africanas

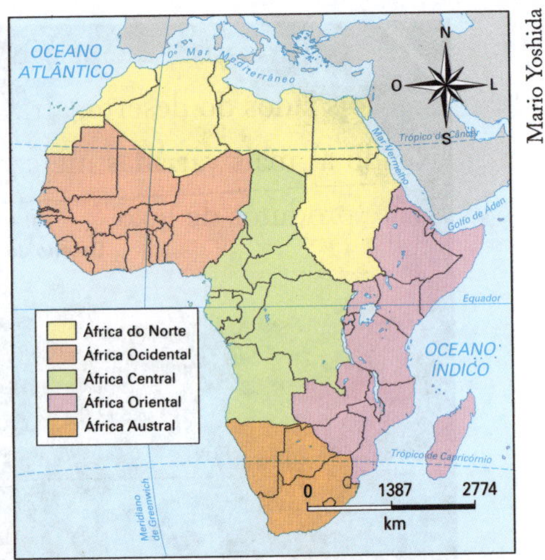

Fonte: Centro de Educação à Distância do Estado do Rio de Janeiro (CEDERJ). *A diáspora africana e a construção do mundo atlântico*. Rio de Janeiro: CEDERJ, 2011.

Encontramos ainda hoje em livros didáticos outras denominações para a África do Norte e a África Subsaariana: África Branca para a região localizada ao norte do deserto do Saara e África Negra para a região ao sul desse deserto. Porém, há um erro na utilização dessa nomenclatura, pois a população que habitava a região Norte do continente não era branca: Cleópatra, a rainha do Egito, só era branca nos filmes de Hollywood. Na realidade, ela era negra. A história contada pelos europeus valoriza o reino do Egito e a civilização que lá se desenvolveu na Antiguidade. Diante disso, classificaram o povo que lá vivia como branco, ou seja, a própria cor do povo europeu, à qual atribuíam superioridade. Em contrapartida, atribuíram qualidades negativas à cor de pele preta, que julgavam restrita aos povos que viviam ao sul do deserto do Saara, que podiam assim ser classificados como inferiores, selvagens ou primitivos, e, portanto, passíveis de serem escravizados pelos povos brancos.

O camelo foi elemento fundamental de integração entre as regiões Norte e Subsaariana do continente africano. Graças à resistência desse animal ao clima desértico foi possível estabelecer relações comerciais entre os povos que viviam nos dois lados do deserto, através das caravanas que cruzavam o Saara transportando as mais variadas mercadorias, desde produtos de primeira necessidade até produtos de luxo.

Philip Lange

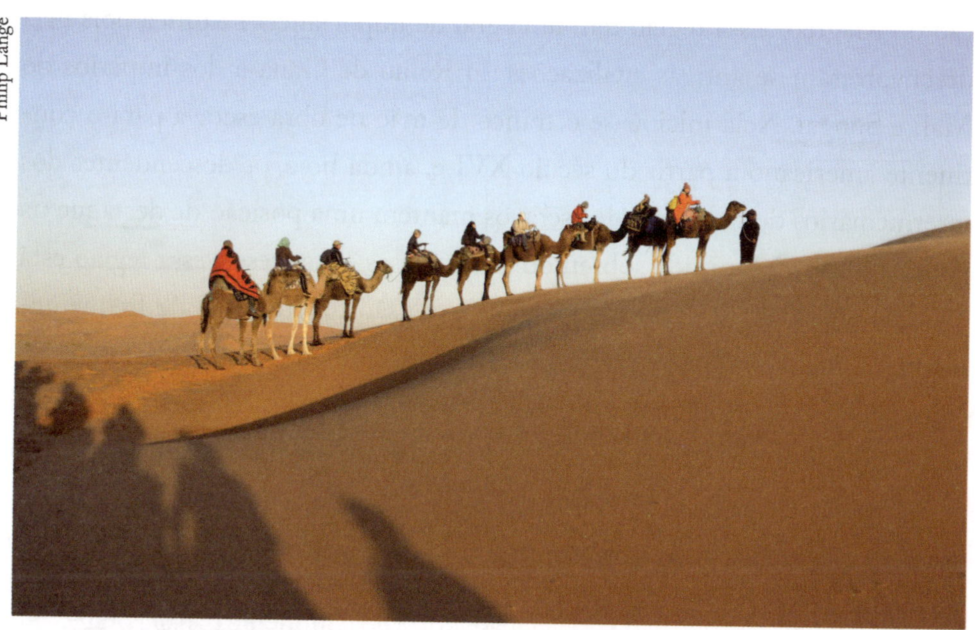

Caravana de camelos no deserto do Saara, Merzouga, Marrocos.

Quanto à divisão regional baseada nas características específicas dos países do continente, podemos encontrar algumas diferenças nos livros tanto em relação ao nome das regiões quanto aos territórios correspondentes. Essas diferenças são comentadas a seguir, ao lado de dados atuais sobre cada região.

África do Norte ou Setentrional: corresponde ao norte do **Saara** e corre ao longo da costa do **Mediterrâneo** (por vezes, sendo incluído o Sudão). Está localizada em uma posição estratégica, próxima à Europa e à Ásia, o que lhe garante grande importância geopolítica e econômica, apresentando elevados índices de desenvolvimento industrial, grau de escolaridade e PIB, em comparação às demais regiões do continente. A maioria do povos que aí habitam falam a língua árabe e seguem a religião muçulmana. Inclui a região denominada de **Magreb**, a oeste da África do Norte. Magreb significa, em árabe, "pôr do sol" ou "ocidente", e a região inclui os seguintes países: Argélia, Marrocos e Tunísia, aos quais por vezes se juntam Mauritânia e Líbia.

África Ocidental: é a porção noroeste e **atlântica** da África, com exceção do Magreb. Essa região tem uma grande importância histórica pois nela desenvolveram-se antigas civilizações do Reino de Gana e dos impérios do Mali e Songai. Nela iniciou-se o tráfico de mão de obra escrava para o continente americano a partir do século XVI e, ainda hoje, os descendentes dos intermediários do comércio de escravos mantêm uma posição de destaque na política local. Colonizada sobretudo por ingleses e franceses, essa região está dividida em diversos países de pequena extensão territorial onde frequentemente eclodem conflitos e guerras civis. Tal instabilidade política é, em parte, consequência das fronteiras artificiais estabelecidas pelos europeus no continente africano a partir do seculo XIX, desrespeitando a diversidade étnica dos povos que até hoje mantêm costumes e tradições de seus ancestrais. Muitos desses países estão ainda hoje em processo de construção de sua identidade nacional.

África Oriental: estende-se ao longo do **Oceano Índico**, do **Mar Vermelho** e **Chifre da África** até **Moçambique**, incluindo **Madagascar**, mas excluindo o sul do continente. O chamado Chifre da África é a região no Nordeste do continente que inclui a Somália, a Etiópia e Djibuti (alguns consideram também Eritreia, Uganda e Quênia como integrantes do Chifre da África). Banhada pelo oceano Índico, a África Oriental mantém relações antigas com a Índia e o mundo árabe. O suaíli é uma língua bastante falada pelos povos dos países da região, que mantém ainda hoje uma importância estratégica por conta da exploração de petróleo e de sua proximidade com o Oriente Médio. Quatro países dessa região situam-se em ilhas: Seychelles, Madagascar, Comores e Maurício. A ilha Maurício teve um desenvolvimento industrial que a coloca em uma posição de destaque na região, embora tenha passado recentemente por um declínio. Alguns africanistas (estudiosos do continente africano) consideram essas ilhas uma outra macrorregião africana, denominada de **Indo-Oceânica**, tendo em vista que apresentam características sociais específicas, sendo habitadas por povos de matrizes diversas: africanos, asiáticos e europeus.

África Central: é a grande massa de **planalto** no centro da África. Nessa região localizava-se o antigo Reino do Congo, um dos mais importantes reinos africanos antes da chegada dos europeus ao continente, no século XV. Historicamente foi uma grande fornecedora de escravos para o Brasil. Com a descolonização, a partir de meados do século XX, muitos conflitos étnicos eclodiram nos países dessa região. A República Democrática do Congo é o país que mais tem sofrido com as guerras, principalmente por ter abundância em recursos minerais e uma grande diversidade étnica. Os países que a compõem são pouco industrializados e sua economia baseia-se na extração de minérios (urânio, manganês, cobre e diamante) e na agricultura em sistema extensivo, além da exploração do petróleo.

África Meridional ou Austral: consiste no **Sul** do continente, situando-se entre os oceanos Índico e Atlântico, em uma posição geográfica estratégica, na rota de passagem dos petroleiros provenientes do Oriente Médio que abastecem o Ocidente. Apresenta uma grande integração regional, devido ao longo período de colonização europeia, principalmente inglesa, estabelecida na região desde o século XVII. Foi uma região bastante cobiçada pelos europeus por conta do subsolo rico em petróleo, diamante, ouro, carvão, urânio, minério de ferro, entre outros. Nessa região destaca-se a República da África do Sul, país que, embora seja o mais industrializado do continente, mantém ainda indicadores sociais, dentre eles as altas taxas de mortalidade infantil e analfabetismo, que apontam para precárias condições de vida da maioria de sua população.

CAPÍTULO 2 – O CIVILIZADOR AFRICANO

A África civilizava a América.
Bernardo Pereira de Vasconcelos

Durante muito tempo nosso conhecimento acerca do continente africano foi bastante limitado e distorcido por uma visão eurocêntrica que desconsiderava a existência de civilizações, reinos e impérios no continente africano desde a Antiguidade. Nos registros sobre as primeiras civilizações do mundo, os europeus referiam-se ao Egito antigo como reino oriental e dissociavam o Norte da África da região subsaariana, ou seja, criaram a ideia de duas Áfricas: uma civilizada ao norte do Saara e uma selvagem ao sul do deserto.

A negação da história, da cultura, do avanço tecnológico e da identidade dos povos que viviam na região subsaariana fez parte da estratégia de dominação das potências europeias a partir do século XVI, em função da exploração da riqueza de seu subsolo e do lucrativo comércio de escravos ali desenvolvido.

Bernardo Pereira de Vasconcelos, importante político do século XIX, considerado por alguns historiadores como um dos responsáveis pela consolidação do Estado imperial brasileiro, ao debater no parlamento a abolição do tráfico de escravos, chamou a atenção para o papel do africano como civilizador na América, em particular no Brasil. Essa visão, bastante avançada para a época, foi retomada muito recentemente por historiadores e cientistas sociais que atribuem aos negros inúmeras contribuições culturais, econômicas, científicas e tecnológicas.

Museu Nacional Marítimo/Londres

Lieutenant Francis Meynell. *Vista do deque do navio de escravos Albanoz*, 1846.

Portanto, diferentemente do que se pensava até recentemente, as contribuições africanas para a formação da sociedade e da cultura brasileiras não se restringiram apenas à culinária, à música, aos ritmos, às festas e à religião. Os negros que vieram para o Brasil – entre os séculos XVI e XIX, aproximadamente cinco milhões de africanos desembarcaram nos portos brasileiros – de diferentes etnias originárias da região subsaariana, muitos deles nobres e guerreiros em suas terras, trouxeram na bagagem diversos conhecimentos científicos, técnicos e tecnológicos, nas áreas da agricultura, da metalurgia, da pecuária, da medicina, entre outras. Suas técnicas de agricultura e beneficiamento de cultivos, pastoreio extensivo do gado, utilização de fornos de ferro, produção de aço de alta qualidade, mineração, ourivesaria, edificações e artesanato em cobre e madeira foram progressivamente sendo apropriadas pelos portugueses e contribuíram decisivamente para a produção de riquezas, para a construção do espaço brasileiro.

AO POVO EM FORMA DE ARTE

Há mais de quarenta mil anos atrás
A arte negra já resplandecia
Mais tarde a Etiópia milenar
Sua cultura até o Egito estendia
Daí o legendário mundo grego
A todo negro de "etíope" chamou
Depois vieram reinos suntuosos
De nível cultural superior
Que hoje são lembranças de um passado
Que a força da ambição exterminou
Em toda a cultura nacional
Na arte e até mesmo na ciência
O modo africano de viver
Exerceu grande influência
E o negro brasileiro
Apesar de tempos infelizes
Lutou, viveu, morreu e se integrou.

Wilson Moreira, Nei Lopes. *Ao povo em forma de arte - Quilombo, 78.*
Samba-enredo da escola de samba Grêmio Recreativo de Arte Negra
Escola de Samba Quilombo. Rio de Janeiro (RJ), 1978.

CONHECIMENTOS CIENTÍFICOS, TÉCNICOS E TECNOLÓGICOS

Nas cidades africanas de Gao, Djene e Timbuctu, no Reino de Songai, fundaram-se universidades que estão entre as mais antigas de que se tem notícia, remontando ao século XII. Nesses importantes centros culturais, onde viviam juízes, doutores e sacerdotes, desenvolveram-se conhecimentos de astronomia e de medicina que serviram de base para a ciência moderna. Timbuctu, cuja universidade de Sankore chegou a ter 25 mil estudantes, que se distribuíam entre escolas independentes, tornou-se um importante centro cultural, confluência de povos diversos, além de centro mercantil. Milhares de manuscritos eram produzidos ou copiados ali, movimentando um florescente comércio.

NOROESTE DA ÁFRICA: AS CIDADES DJENE, TIMBUCTU E GAO

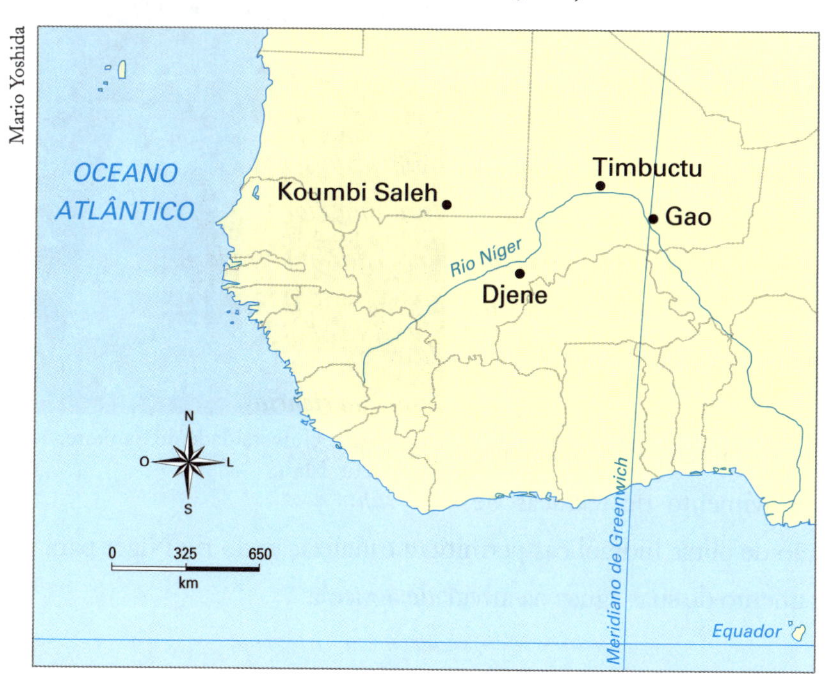

Fonte: Adaptado de Leila Leite Hernandez. *A África na sala de aula*: visita à história contemporânea. São Paulo: Selo Negro, 2005; e Marina Mello e Souza. *África e Brasil africano*. São Paulo: Ática, 2006.

Relatos de cronistas que viajaram pelos reinos do continente africano em torno dos séculos IX e X registrando o cotidiano das civilizações que aí viviam descrevem variadas situações nas quais podemos constatar o nível de desenvolvimento desses povos antes da dominação europeia. No Reino da Núbia, localizado ao longo do rio Nilo, em região hoje fronteiriça entre Egito e Sudão, havia uma cidade onde, segundo relatos do século X, as igrejas eram repletas de ouro, e os mosteiros, os jardins, além de grandiosos, eram magníficos. Ao sul do Marrocos foi visto o equivalente a um cheque de 42000 dinares, valor correspondente a 200 quilogramas de ouro, utilizado em uma transação comercial. Na cidade de Djene, então pertencente ao Império do Mali, foi construída uma mesquita na metade do século XIII e, após sofrer diversos ataques de outros povos, a cidade foi fortificada.

Jordi Cami / Getty Images

Mesquita e Universidade de Sankore, Timbuctu, Mali.

O Reino de Songai, que passou a fazer parte do Império do Mali a partir do século XIII, valorizava o desenvolvimento científico e cultural. Esse reino unificou pesos e medidas para evitar fraudes no pagamento dos impostos, fonte de sua sobrevivência, e para atender as exigências do intenso comércio naquele reino. O desenvolvimento de técnicas de construção de obras hidráulicas permitiu a canalização do rio Níger para melhor aproveitamento de suas águas na atividade agrícola.

A cidade de Gao, capital do Reino de Songai, e a cidade de Kano (considerada o centro cultural e comercial do povo hauçá e localizada em território hoje pertencente à Nigéria) eram bastante populosas e seus moradores disputavam o título de cidade com mais habitantes. Para resolver essa questão os habitantes de Gao e os de Timbuctu, utilizando papel, tinta e pena, "entraram na cidade de Gao e puseram-se a contar os grupos de casas, começando pela primeira habitação a oeste da cidade, e a inscrevê-las uma após outra, 'casa de Fulano, casa de Sicrano', até chegarem às últimas construções da cidade, do lado leste. A operação levou três dias e contaram-se 7626 casas [...]."

Manuscrito de Mahmud Kati, 1485, in Joseph Ki-Zerbo, *História da África Negra I*, Lisboa: Publicações Europa-América, s/d).

No século XII, as cidades hauçás, que se espalhavam por diversas regiões da África ocidental, assim como as cidades europeias da Alta Idade Média, eram fortificadas e os camponeses, para obter proteção contra eventuais invasões, trocavam sua produção por segurança assegurada pelo poder local. O comércio, a agricultura e a manufatura de tecelagem, de calçado e de artigos de metal eram de tal forma integrados que houve espaço para o surgimento de uma burguesia mercantil com ideias inovadoras.

Nas civilizações antigas que se desenvolveram na África o calendário lunar, baseado nas fases da Lua, era utilizado para orientar as mulheres em seus ciclos menstruais, na gestação e no controle hormonal, dentre outros fatores.

Os povos do continente africano já utilizavam conceitos matemáticos e possuíam conhecimentos aprofundados de geometria, o que lhes permitiu a construção de pirâmides no Egito e no Reino da Núbia. No Reino Ioruba foi desenvolvido um sistema matemático bastante avançado para a época, pois se baseava em múltiplos de vinte. Também vamos encontrar nesses registros relatos de cronistas sobre povos que viveram em regiões de rotas de caravanas e, portanto, tinham o comércio como uma atividade bastante importante, que usavam sistemas matemáticos sofisticados para a contabilidade do comércio de mercadorias.

Museu de Ciências Naturais de Bruxelas

Ishango, visto de duas perspectivas diferentes.

As civilizações que viveram entre 25 000 a 20 000 mil a.C. na região da atual República Democrática do Congo, no centro do continente africano, criaram um instrumento feito de osso – Ishango – que provavelmente destinava-se a registrar sistemas de numeração bastante complexos, além de constituir um calendário lunar.

A cidade de Benin, localizada no reino do mesmo nome, no Golfo da Guiné, na moderna Nigéria, já no século XV tinha um plano urbanístico sofisticado, comparado a algumas cidades europeias da mesma época. O palácio real era do tamanho da cidade

Mario Yoshida

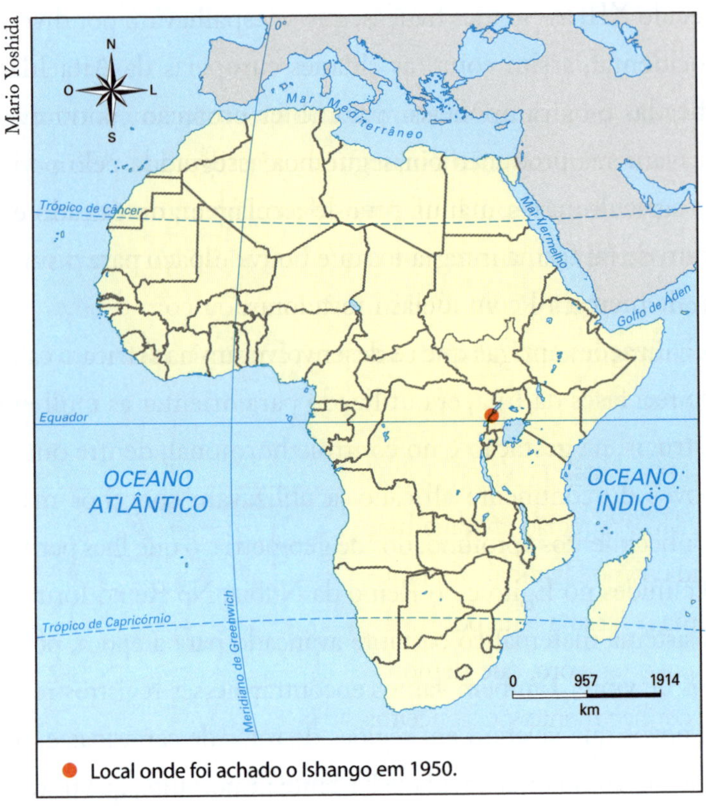

Fonte: Museu de Ciências Naturais de Bruxelas. Disponível em: <http://ishango.naturalsciences.be>. Acesso em: ago. 2012.

francesa de Grenoble e havia um espaço específico para os ministros do príncipe e belas galerias. Os artistas de Benin e da cidade de Ife (do vizinho Reino Ioruba) eram conhecidos em todos os cantos do mundo pelo trabalho de bronze e de terracota, um tipo de cerâmica, geralmente vermelha.

O povo dogon, que vivia próximo à cidade de Timbuctu, desenvolveu importantes conhecimentos de astronomia, sobre as luas de Júpiter, os anéis de Saturno e a estrutura espiral da Via-láctea. Também conhecia o satélite da estrela Sírio, invisível a olho nu.

Frank Villett/HGA

Cabeça de terracota proveniente de estatueta representando talvez uma rainha, revelada em Ita Yemoo, região de Ife.

Conhecimentos médicos e cirúrgicos

Alguns povos africanos, assim como os europeus, já dominavam desde a antiguidade técnicas medicinais até hoje utilizadas. Além de infusões e banhos com ervas e raízes, alguns povos desenvolveram técnicas de cesariana que já incluíam assepsia, anestesia e cauterização do corte vertical.

O médico inglês R. W. Felkin testemunhou com o povo banyoro técnicas de cesariana que já incluíam assepsia, anestesia e cauterização do corte, que era vertical:

> O cirurgião inglês Felkin [...] visitou, em 1879, a região africana hoje conhecida como Uganda e testemunhou uma cesariana feita por médicos do povo banyoro, que demonstraram conhecimento de conceitos e técnicas como assepsia, anestesia, hemóstase, cauterização e outros. [...] Há indícios de que os antigos egípcios operavam tumores cerebrais e removiam cataratas. Outros povos africanos também conheciam variados procedimentos na antiguidade e no período pré-colonial.

Reproduções

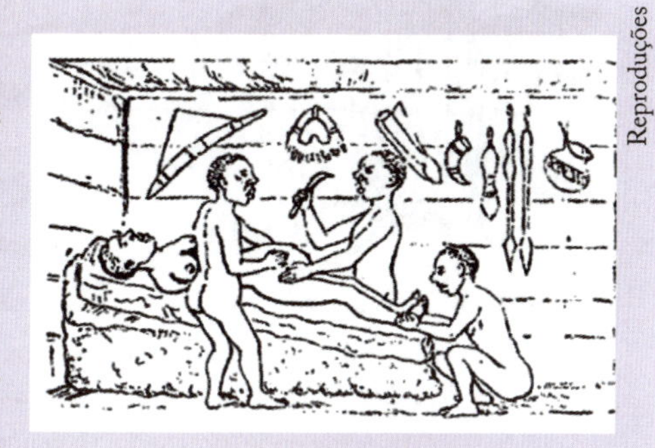

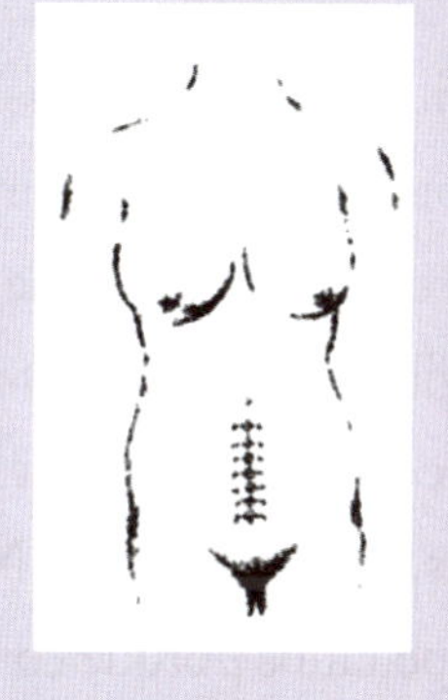

Ilustrações da cirurgia feita pelos banyoro em 1879, descrita por Felkin em artigo publicado na *Revista de Medicina de Edingburgh* (1884).

Elisa Larkin Nascimento (org). *A matriz africana no mundo –Sankofa I: Matrizes Africanas da Cultura Brasileira*. São Paulo: Selo Negro, 2008.

No Egito, a medicina era voltada para o interior do corpo humano, por conta da prática da mumificação, do embalsamento do corpo dos faraós e de pessoas influentes desta sociedade. Portanto, se a medicina tem um pai, este é o cientista clínico egípcio Imhotep, também arquiteto, que em torno de 3 000 anos antes da era cristã já se dedicava ao diagnóstico e à cura de diferentes tipos de doenças.

Metalurgia do ferro

Trabalho com metal no Reino do Congo, fins do século XVII. Giovanni Antonio Cavazzi. *Istorica Descrizione de' Tre Regni Congo, Matamba, et Angola.* Milão, 1690.

Povos que habitavam a região perto do lago Vitória, na atual Tanzânia, produziam aço, há dois mil anos, em fornos que atingiam altíssimas temperaturas, utilizando-se de conhecimentos que só se veriam na Europa no século XIX. Técnicas de metalurgia eram utilizados na África 3 000 anos antes da era cristã. Os ferreiros eram especialistas em forjar ferro (e também cobre) para a produção de ferramentas, armas, joias e enfeites. Nas civilizações africanas antigas, os ferreiros eram muito respeitados porque conheciam os poderes da transformação da matéria e da continuidade da relação entre os espíritos dos ancestrais e as famílias que formam a comunidade viva. Eram, por conta disso, considerados curandeiros e feiticeiros, e suas oficinas ficavam afastadas, fora das aldeias, pois eram vistas como lugar sagrado e, portanto, lugar de culto. Geralmente, quando uma pessoa adoecia, era levada ao lugar da fundição e competia ao forjador realizar a cerimônia em que se sacrificava um animal, geralmente uma galinha, para obter a cura. Na África, ainda hoje, os ferreiros tradicionais são "mestres do Fogo".

Na sociedade tradicional africana, as atividades humanas possuíam frequentemente um caráter sagrado ou oculto, principalmente as atividades que consistiam em agir sobre a matéria e transformá-la, uma vez que tudo é considerado vivo. [...]
Os artesãos tradicionais acompanham o trabalho com cantos rituais ou palavras rítmicas sacramentais, e seus próprios gestos são considerados uma linguagem. De fato, os gestos de cada ofício reproduzem, no simbolismo que lhe é próprio, o mistério da criação primeira, que, ligava-se ao poder da Palavra.

Hampaté Bâ. "A tradição viva". In J. Ki-Zerbo (org.). *História geral da África*. Brasília: Unesco, 2010. Hampaté Bâ refere-se aos ofícios artesanais tradicionais africanos como grandes vetores da tradição oral.

No Brasil, no período colonial, muitos ferreiros africanos foram comprados como escravos pelos senhores de engenho para produzir ferramentas pois, além da necessidade da utilização de determinados utensílios na produção açucareira, de mineração e na cafeicultura tais como machados, enxadas e foices, também era necessário a reposição destes em função de seu constante desgaste. Os vários artefatos encontrados nos antigos engenhos provavelmente foram produzidos pelos escravos, que aqui deram continuidade ao seu oficio de ferreiro, além da possibilidade de alguns utensílios terem sido trazidos da África.

Museu de Artes/Boston

Asen, altar ancestral, República de Benin.

Segundo as tradições dos povos africanos, os ferreiros têm um dom especial com as palavras, pois eles as forjam. Manuel Congo, ferreiro de profissão, ofício que aprendeu na África, era escravo de Manuel Francisco Xavier, proprietário de duas grandes fazendas de café na Freguesia da Maravilha, localizadas em Paty do Alferes, que na época pertencia à Vila de Vassouras e atualmente é município do estado do Rio de Janeiro. Tinha muito prestígio entre os escravos da região e foi líder de um levante e de um quilombo formado na região. Além de ferreiro, Manuel Congo pode ter também exercido funções religiosas entre os escravos de sua região.

Edificações

Desde a Antiguidade, os povos africanos já dominavam técnicas de edificação com pedras. A Etiópia, que foi o berço da humanidade, abriga a primeira casa de pedra do mundo. No leste do Zimbábue, há um notável complexo de muros que começou a ser construído por volta do século XIII, conhecido como Grande Zimbábue, no qual foram utilizadas mais de dez mil toneladas de granito.

Andrew McConnell/Latinstock

Grande Zimbábue, Tombado pela UNESCO, é hoje um patrimônio da Humanidade.

Mineração

Alguns povos africanos eram especialistas em localizar jazidas de minério e na exploração de ouro nas areias dos rios. Caso não houvesse ouro no aluvião, ou seja, na superfície, dominavam bem as técnicas de construção de galerias subterrâneas para extraí-lo das partes mais profundas da terra.

Coleção Particular

Johann Moritz Rugendas. *Lavagem do ouro*, 1835.

O Reino de Gana, que floresceu a partir do século VIII, era muito rico em ouro e seu povo dominava técnicas de mineração usando instrumentos como a bateia, utensílio utilizado também na exploração do ouro no Brasil. Descendentes desse reino eram especialistas na localização e na exploração do ouro e contribuíram para a difusão de técnicas de exploração e construção de minas com galerias subterrâneas para o Brasil.

Agricultura

A atividade agrícola era a base de muitas sociedades africanas. Elas utilizavam técnicas de irrigação e de plantio que foram aperfeiçoadas e trazidas para o Brasil pelos escravos, sendo utilizadas inicialmente na cultura de cana-de-açúcar, favorecendo a expansão da agricultura por todo o litoral brasileiro. Os escravos introduziram a enxada na lavoura, uma espécie de arado e diversos tipos de machado, que serviam tanto para cortar madeira como para uso nas fugas, na resistência à escravidão e na organização de atividades produtivas nos quilombos.

Enciclopédia Britânica

Plantações irrigadas com a água do rio Nilo.

Pastoreio

O pastoreio é tradicionalmente uma atividade do continente africano. A criação de ovinos, caprinos e bovinos possibilitou uma dieta equilibrada e permitiu a integração entre diversos povos africanos. Os escravos introduziram no Brasil a técnica de criação extensiva do gado, ou seja, do gado criado em campo aberto. A pecuária dinamizou a economia colonial e foi responsável pelo alargamento da fronteira da colônia portuguesa, pois garantiu a ocupação do interior do território colonial. Servia como uma atividade complementar à produção agrícola e à mineração, pois o gado era utilizado no transporte de mercadorias, na produção de alimentos para a população, além de servir como força motriz para as moendas nos engenhos de açúcar.

Olaria e outras técnicas

A contribuição do negro para a formação do Brasil inclui também a confecção de cerâmica, atividade exercida pelas mulheres. Os povos ioruba que para cá vieram como escravos dominavam técnicas de olaria, tecelagem, serralheria e metalurgia do bronze, utilizando a técnica da cera perdida (molde de argila que serve de receptáculo para o metal incandescente).

Citando um trecho do livro *Ancestrais*, de Mary Del Priori, podemos concluir que "o tráfico de escravos africanos para o Brasil foi um movimento, uma forma de deportação de homens e mulheres portadores de ideias, de valores, de saberes, de religiões e tradições" (Mary Del Priore e Renato Pinto Venâncio. *Ancestrais*: uma introdução à história da Africa atlântica. Rio de Janeiro: Elsevier/Campus, 2004).

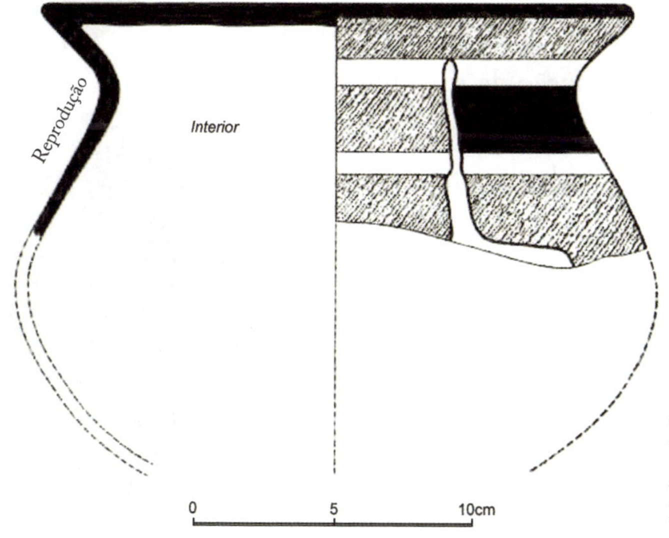

Cerâmica do século VII–IX, encontrada em escavações na República de Gana.

A ARTE AFRICANA

Utilizando-se de materiais diversos, como madeira, argila, concha, metais, tecido, entre outros, as civilizações africanas que já viviam no continente antes do domínio europeu produziram objetos artísticos de grande riqueza. A arte dos povos africanos representa situações do cotidiano, os sentimentos das pessoas, personagens importantes dos diversos reinos e impérios, personagens mitológicos ou deuses.

O mundo ocidental tem a ideia de arte como livre expressão da capacidade criativa do artista, como algo a ser exposto e contemplado por especialistas ou admiradores. Já a maior parte da produção artística dos povos africanos tem muitas vezes uma função prática ou religiosa, sendo um elemento fundamental para a vida cotidiana e o bem estar das populações que a produziram. Máscaras, estátuas e outros objetos são utilizados em rituais religiosos e são considerados elementos de ligação entre o mundo dos vivos e dos mortos, entre as comunidades e seus antepassados.

Stella Levi

Máscaras africanas

Assim como não podemos falar em um único povo africano, também não devemos olhar de maneira uniforme para as obras lá produzidas apesar de haver elementos comuns na arte produzida por diversos povos africanos, tais como a produção de máscaras e estátuas para utilização em rituais religiosos e fúnebres. A arte africana pode ser dividida, dependendo dos critérios utilizados, em três ou até em cinco regiões. A divisão em cinco regiões foi feita para o catálogo de uma exposição realizada em 1971 na França, onde se definiam as "zonas estilísticas" da arte produzida na África: região das savanas sudanesas, da costa e selva atlânticas, do Golfo da Guiné, da floresta ocidental e das regiões Sul e Orienal.

Jessie Lee

Máscaras africanas.

Nas sociedades africanas o artista é muito respeitado, tem uma enorme importância pois trabalha com a matéria, a natureza, e a transforma em utensílios empregados nas atividades do cotidiano, em objetos utilizados nos rituais religiosos ou para presentear reis ou imperadores Além disso, para aquelas comunidades, muitos dos objetos produzidos são dotados e força e poder e, por isso, são utilizados por sacerdotes e grupos restritos da sociedade.

Somente a partir do século XIX a arte africana foi reconhecida pelos europeus e incluída nos estudos de história da arte no Ocidente. O espanhol Pablo Picasso, um dos maiores pintores de todos os tempos, encantou-se de tal modo pela arte dos povos africanos que nela se inspirou para fazer alguns quadros, hoje expostos em museus de Barcelona, Paris e Nova York.

> Devemos insistir no efeito que as esculturas africanas causaram em Picasso quando, visitando o Trocadero na primavera de 1907, conscientizou-se do papel mediador das máscaras e esculturas. Ele percebeu que não se tratava de simples adornos, mas de esculturas de qualidade, uma via de acesso do homem ao preexistente, através da qual ele se liberta da tensão que o circunda. Picasso encontra-se com uma experiência estética nova que muito impressiona e cujas soluções, em estrutura e aparência, vão conectar-se às suas. Esse encantamento pela arte negra se iconiza na famosa *Les demoiselles d'Avignon (*1906 - 1907) e em *Cabeça* (1907).
>
> Dilma Silva e Marcelo de Salete. Arte africana e afro-brasileira. *América, Américas:* arte e memória. São Paulo: MAC-USP, 2007.

Museu de Arte Moderna de Nova York

Pablo Picasso. *As senhoritas de Avignon (Les demoiselles d'Avignon)*, 1906 -1907. Uma das principais obras de Pablo Picasso, pintada em 1907, considerada marco do início do Cubismo, apresenta a influência da arte africana, em particular das esculturas de máscaras.

CAPITULO 3 - A RESISTÊNCIA DO CONTINENTE

Ninguém nasce odiando outra pessoa pela cor de sua pele, por sua origem ou ainda por sua religião. Para odiar, as pessoas precisam aprender e, se podem aprender a odiar, podem ser ensinadas a amar.

Nelson Mandela

A África, ao longo de sua história, foi alvo da cobiça de diversos povos que, de acordo com seus interesses, impuseram profundas transformações no continente. A expansão de povos árabes, que se iniciou entre o fim do século VII e início do século VIII, introduziu e expandiu a religião islâmica a partir do Norte da África, promovendo também a intensificação do comércio.

Sowetan/Avusa Media Ltd/Gallo Images via Getty Images

Nelson Mandela, fotografado no início dos anos 1960, antes da sua condenação à prisão perpétua na África do Sul, por lutar contra o regime da minoria branca.

No entanto, foram os europeus os maiores responsáveis pela série de mudanças que aconteceram na África nos últimos séculos. A conquista pelos portugueses da cidade de Ceuta, importante entreposto de comércio localizado no Norte da África, no Estreito de Gibraltar (atual Marrocos), em 1415, deu início ao processo de dominação e ocupação do continente africano pelos europeus, que se estenderia até meados do século XX. Desde o século XV os portugueses conquistaram as ilhas de Cabo Verde e São Tomé e construíram diversas feitorias em pontos estratégicos da costa ocidental africana, nas baías de Luanda e Benguela, e na ilha de Moçambique, na costa oriental, criando núcleos administrativos que garantiram a posse desses domínios coloniais. A partir daí, os europeus – portugueses, ingleses, holandeses, franceses – estabeleceram relações de comércio de ouro, escravos e especiarias com as chefias dos reinos, impérios e Estados africanos, sem, no entanto, ocuparem o interior do continente.

Mario Yoshida

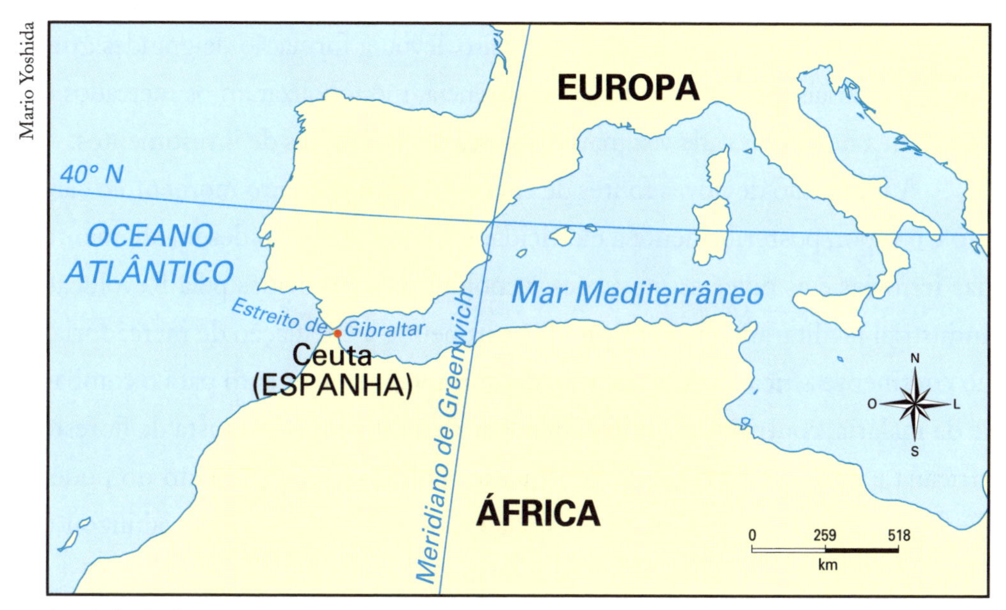

A cidade de Ceuta, no estreito de Gibraltar.
Fonte: <http://www.ceuta.es/ayuntamento>. Acesso em: ago. 2012.

A PARTILHA DA ÁFRICA

A consolidação das rotas de comércio transoceânicas, ou seja, que cruzavam oceanos, unindo a Europa, a África, a América e o Oriente, e a exploração colonial mercantilista, ao longo da época moderna, garantiram a acumulação de capital nos países europeus e contribuiram para o crescimento urbano e desenvolvimento tecnológico que levaria ao advento da Revolução Industrial na Inglaterra a partir de meados do século XVIII.

A Revolução Industrial e o acelerado processo de urbanização decorrente dela provocaram transformações radicais no modo de vida dos povos europeus. Se num primeiro momento o surgimento das fábricas esteve limitado à Inglaterra, a partir de meados do século XIX os demais países da Europa, além de Japão e Estados Unidos, se modernizaram e passaram à condição de países industrializados, disputando mercados regulares fornecedores de matéria-prima e mão de obra baratas, e também mercados consumidores para o escoamento da produção industrial em larga escala. A união do capital bancário e do capital industrial, dando origem ao chamado capital financeiro, levou à formação de grandes grupos empresariais que, eliminado a concorrência, monopolizaram os mercados e passaram a necessitar cada vez mais de mercados receptores de investimentos.

A utilização de novas fontes de energia – num primeiro momento o carvão e o vapor, posteriormente a eletricidade e o petróleo –, o desenvolvimento das ferrovias e as diversas inovações tecnológicas promovidas pela Revolução Industrial facilitaram a penetração dos europeus e a circulação de mercadorias no continente africano. A fabricação do quinino, medicamento para o combate da malária, contribuiu, por exemplo, para o sucesso na conquista da floresta africana e da região central do continente, assim como o aumento do poder de fogo, com a invenção de armas mais modernas como o rifle, viabilizou o domínio do europeu sobre os povos africanos.

A descoberta de ouro e diamante na África do Sul e de reservas de cobre na Rodésia (atual Zimbábue) na segunda metade do século XIX provocou uma disputa acirrada por aqueles territórios.

O fim do tráfico de escravos no Brasil, a partir de meados do século XIX, contribuiu também para o enfraquecimento de dinâmicas econômicas do interior do continente africano que se haviam estruturado política e economicamente em torno dessa atividade comercial, facilitando assim a penetração europeia.

É nesse contexto que ocorreram a dominação, partilha e colonização da África e da Ásia pelos europeus nos séculos XIX e XX, processo histórico conhecido como **neocolonialismo**. A partir daí, a África sofreu sérias mudanças na base de sua estrutura política, religiosa, linguística, econômica e social. O continente foi dividido e suas fronteiras redefinidas pelos europeus, que se apropriaram então das terras e riquezas africanas. A partilha da África consolidou-se na chamada Conferência de Berlim, realizada entre países europeus em 1884-1885.

Edward Linley Sambourne

A ilustração representa um projeto de Cecil Rhodes, fundador da De Beers, uma das primeiras companhias de diamantes, de construir uma ferrovia que ligaria o Cairo, no Egito, à Cidade do Cabo, na República da África do Sul, 1892.

> Antes do aparecimento dos europeus, todos os habitantes nativos do território eram economicamente autossuficientes [...] Cada família banto produzia sua alimentação, plantando e criando gado: também construía as próprias cabanas e fazia a maioria das suas roupas e utensílios domésticos [...] desde a vinda dos europeus, essa antiga autossuficiência desmoronou.
>
> J. Woddis. *África: as raízes da revolta*. Rio de Janeiro: Zahar Editores, 1961.

Com o intuito de mapear as riquezas e as possibilidades de acesso ao continente, as nações europeias enviaram diversas expedições à África ao longo do século XIX. Guiados por habitantes locais, cientistas europeus percorreram o interior do continente africano, acompanhando o curso dos rios e abasteceram os museus e academias de ciência europeias de exemplares "exóticos" da fauna e da flora africanas, além de recolherem informações preciosas acerca da geografia do continente. Os relatos de viagens à África dos exploradores David Livingstone, Henri Stanley, Richard Francis Burton e John Speke foram publicados nos principais jornais do continente europeu despertando ainda mais interesse das potências europeias na exploração do continente.

Biblioteca Nacional da Alemanha

Adalbert von Rößler. *Conferência de Berlim*, 1884.

O traçado das fronteiras africanas e a partilha da África entre as nações europeias não foram definidos unicamente na Conferência de Berlim, mas sim ao longo de um processo que durou em torno de quarenta anos, que se iniciou na primeira metade do século XIX e se estendeu até as primeiras décadas do século seguinte. Sua importância deve-se mais ao fato de ela ter oficializado diversos desses tratados, regulando assim a disputa por possessões coloniais. Tomando como ponto de partida para as negociações os locais já explorados pelos comerciantes europeus desde o século XVI, Portugal, Espanha, Inglaterra, França, Alemanha, Itália e Bélgica estabeleceram o domínio e a colonização do continente africano.

A PARTILHA DA ÁFRICA (FIM DO SÉCULO XIX)

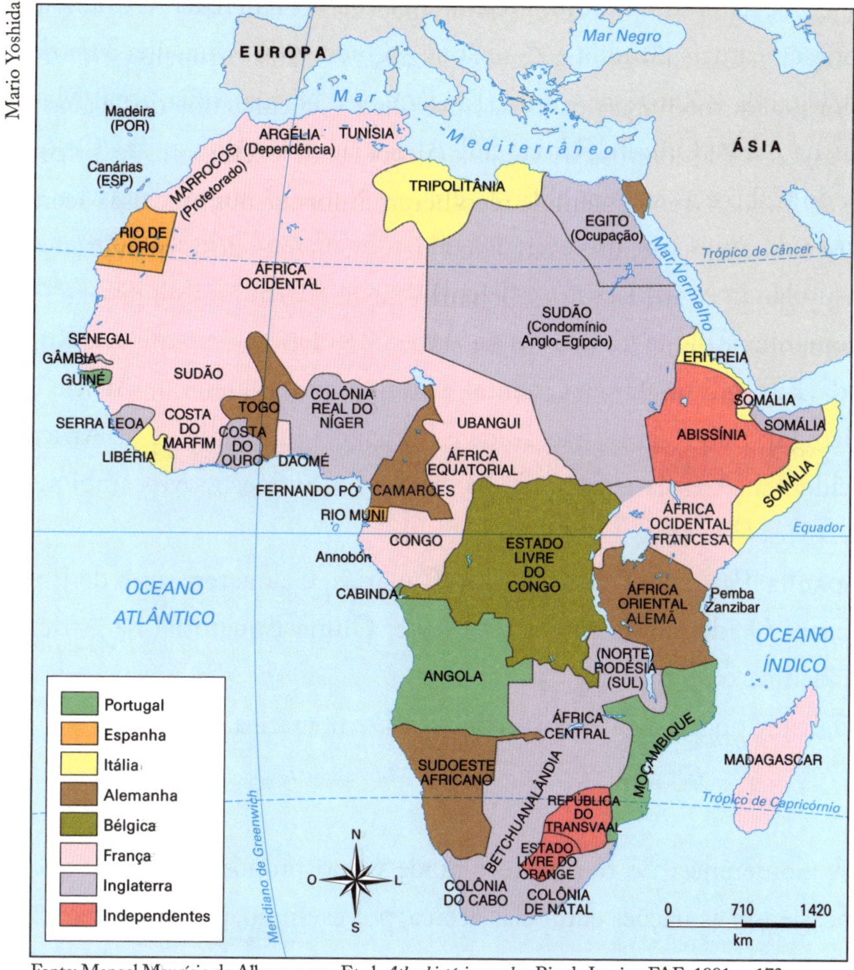

Fonte: Manoel Maurício de Albuquerque. Et al. *Atlas histórico escolar*. Rio de Janeiro: FAE, 1991, p. 173.

Domínio europeu sobre o continente africano

França: Tunísia, Argélia, Marrocos e parte do Saara na África do Norte; Senegal, Guiné, Costa do Marfim, Daomé – atual Benin –, Gabão e atual República do Congo, estes últimos denominados África Equatorial Francesa, na África Ocidental; Níger, Chade e Sudão na África Central e Madagascar, trocada com o Reino Unido por Zanzibar, atual Tanzânia, na África Oriental.
Reino Unido: Gâmbia, Serra Leoa, Costa do Ouro – atual Gana –, Nigéria e as ilhas de Santa Helena e Ascensão na África Ocidental; Rodésia – atuais Zâmbia e Zimbábue – Quênia, Somália, ilha Maurício, Uganda e Zanzibar – atual Tanzânia – e Niassalândia, atual Malaui, na África Oriental; União Sul-Africana, incluindo a antiga Colônia do Cabo e as ex-repúblicas bôeres de Natal, Orange e Transvaal – África do Sul –, e os protetorados de Bechuanalândia, atual Botsuana, Basutolândia, atual Lesoto, e Suazilândia na África Meridional.
Alemanha: Togo e Camarões na África Ocidental; Tanganica e Ruanda-Burundi na África Oriental; Namíbia no Sudoeste da África.
Portugal: Cabo Verde, São Tomé e Príncipe, Guiné-Bissau na África Ocidental; Angola e Cabinda na África do Sudoeste; Moçambique na África Oriental.
Espanha: Parte do Marrocos, ilhas Canárias, Ceuta, território de Ifni e Saara Ocidental na África do Norte; Guiné Equatorial na África Ocidental.
Bélgica: Congo belga, atual República Democrática do Congo.

A Conferência de Berlim teve ainda como propósito resolver questões específicas entre as nações europeias acerca, por exemplo, da livre navegação no rio Congo, tendo em vista sua importância para o desenvolvimento da atividade comercial. O rio Congo (nome proveniente do antigo Reino do Congo, que se localizava nas terras ao redor da sua foz), ou rio Zaire, tem centenas de quilômetros de corredeiras e dezenas de cataratas gigantescas. Com 4.700 km de percurso, é o rio mais extenso da África depois do Nilo. Banhando a região da África Equatorial, o rio percorre a República do Congo, a maior parte República Democrática do Congo, o oeste de Zâmbia, grande parte da República Centro-Africana e territórios do Camarões e da Tanzânia e, perto da sua foz no Atlântico, estabelece a fronteira entre Angola e República Democrática do Congo. Atravessa também o Lago Moero e recebe as águas do Lago Tanganica. Forma ainda as famosas Cataratas de Livingstone (cerca de 32 cataratas). É o único rio que atravessa duas vezes a linha do Equador e tem grande extensão navegável. O rio Congo é uma das grandes vias de comunicação dessa região da África. A fauna do rio é muito rica, sobretudo em peixes, mas são também muito característicos os crocodilos, as tartarugas, as serpentes aquáticas, os hipopótamos, os peixes-boi e numerosas espécies de aves que fazem ninho em suas margens.

Trecho da Ata Geral da Conferência de Berlim relativo à Bacia do Congo/Zaire

Artigo 13 – A navegação do Congo, sem exceção de qualquer das ramificações saídas desse rio, é e permanecerá inteiramente livre para os navios comerciais, com carregamentos ou não, de todas as nações, tanto para o transporte das mercadorias como para o de passageiros. Deverá conformar-se às disposições da presente Ata de navegação e às regulamentações a serem estabelecidas na execução da mesma Ata. Na prática dessa navegação, os indivíduos e os pavilhões de todas as nações serão considerados, sob todos os aspectos, num nível de uma perfeita igualdade, tanto para a navegação direta em pleno mar para os portos interiores do Congo e vice-versa, como para a grande e pequena cabotagem, e ainda para o conjunto dos navios no percurso desse rio.

ÁFRICA: RIO CONGO OU ZAIRE

Fonte: CIA. *The World Factbook.* Disponível em: <https://www.cia.gov/library/publications/the-world-factbook/geos/cg.html>. Acesso em: ago. 2012.

No século XVI, o cronista português Garcia de Resende registrou em sua *Crônica de D. João II* a viagem até a foz desse rio do navegador Diogo Cão, que seria seu primeiro desbravador. No entanto, há muitos séculos povos africanos conheciam o rio Congo e habitavam suas margens.

DESCOBERTA DA FOZ DO RIO ZAIRE POR DIOGO CÃO É HISTORICAMENTE DISCUTÍVEL

Luanda – O linguista e professor do Instituto Superior de Ciências da Educação (ISCED) Daniel Duku considera um erro a tese de que foi o português Diogo Cão quem descobriu a foz do rio Zaire, em 1482, tendo em vista que aquela região já era habitada por povos africanos muitos séculos antes da chegada dos europeus. Segundo ele, a história oficial, tal como narrada pelos portugueses, inclui-se na política de "não valorização da oralidade da história africana".

ANGOP -Agência Angola Press, 10 fev. 2010.

A partir da Conferência de Berlim a geografia da África muda, o mapa do continente é redefinido, reinos, impérios e cidades africanas são desestruturados e novos espaços organizados pelos europeus vão surgir. As novas fronteiras serão estabelecidas a partir dos interesses das nações europeias, ignorando a identidade dos povos do continente. Etnias formadas há séculos são separadas, povos inimigos passam a viver sob um mesmo território, sob o controle dos europeus. A Europa passa a ter a posse sobre a terra africana e sobre as pessoas da terra.

A política imperialista europeia na África se concretizou através de duas estratégias distintas: as nações europeias dominaram política e militarmente territórios africanos estabelecendo uma administração direta, em que os agentes metropolitanos ocupavam os principais cargos públicos, ou uma administração indireta, em que as elites dirigentes locais permaneciam no poder e firmavam alianças com as potências europeias, em um sistema de protetorado. Neste último caso, mantinha-se aparentemente a independência política do território africano, mas seu governo passava a atuar em função dos interesses europeus, ampliando assim a área de influência das potências europeias no continente africano.

NEOCOLONIALISMO

Ao analisar-se o colonialismo do século XIX é preciso considerar que, embora fazendo parte de um processo histórico comum que apresenta como sentido geral a produção de matérias-primas agrícolas e riquezas minerais para a metrópole, a dominação europeia na África se deu de forma bastante diversificada nas diferentes regiões do continente africano. As características da colonização variaram em função de fatores externos como, por exemplo, o grau de desenvolvimento do país colonizador, e de fatores internos, tais como as características geográficas específicas e as condições políticas e socioeconômicas dos povos encontrados pelos europeus nos territórios dominados.

Apesar da diversidade das práticas adotadas, podemos identificar, em linhas gerais, três tipos de colônia instalados pelos europeus na África: as colônias de povoamento ou enraizamento, as colônias de enquadramento ou exploração e as consideradas mistas.

- **Colônia de povoamento:** tinha como característica a presença dos europeus e seus descendentes nos territórios africanos, ocupando uma posição social privilegiada, assumindo funções administrativas e controlando as atividades produtivas na colônia, apropriando-se das terras dos nativos. Esse tipo de colonialismo tem como principais exemplos o Quênia, Angola, Argélia e a África do Sul.

Album /Prisma/Latinstock

Colonizador europeu carregado em uma rede por africanos. Gravura do século XIX.

- **Colônia de enquadramento ou exploração:** nesse tipo de colônia, poucos europeus se instalaram e exerceram funções governamentais, sendo o maior contingente representado pela força militar e policial. Os colonos europeus não se apropriam das terras pois havia o interesse na produção dos camponeses nativos, havendo controle sobre o preço da produção. Os melhores exemplos desse tipo de colonização aconteceram em Gana, na Nigéria e no Senegal.

- **Colônia mista:** foi uma espécie de mistura dos dois tipos anteriores, daí ser denominada mista. Havia um número significativo de europeus, mas não tanto quanto nas colônias de povoamento, e estes em geral se concentravam nas regiões mineradoras, como na República Democrática do Congo e na Zâmbia.

Durante o neocolonialismo europeu na África, em geral eram cobrados impostos dos africanos sob a forma de trabalho ou em espécie: os nativos eram obrigados a trabalhar na atividade produtiva instituída pelos agentes metropolitanos, no cultivo para exportação, nas minas e na construção de obras públicas, portos e estradas, além de pagarem impostos em dinheiro, o que os levava a vender sua força de trabalho e reduzir seu tempo de trabalho na atividade para a subsistência.

Há relatos terríveis, sangrentos até, da relação estabelecida entre os representantes das metrópoles europeias no continente africano e a população nativa do continente. Os europeus criaram um aparato policial e militar que se utilizava das mais sofisticadas formas de violência nas colônias. No Congo Belga, território que se manteve como colônia particular do rei Leopoldo II até 1908, passando então a ser controlado pelo

Images of Empire/Universal Images Group/Getty Images

Crianças mutiladas durante o governo do rei Leopoldo II, Congo, 1905.

Estado belga, as forças de repressão metropolitanas fizeram uso da violência destruindo aldeias, dizimando povos e mutilando membros dos corpos dos nativos africanos que resistiam ao trabalho compulsório na extração de látex e marfim. Estima-se que foram dizimadas 15 milhões de pessoas.

A dominação europeia na África era justificada pelos europeus como uma *missão civilizadora*. Com base em crenças como a de que existiria um processo histórico evolutivo único para toda a humanidade, crença que na época era considerada científica, explicavam a diversidade cultural entre os povos em função de eles se encontrarem em diferentes níveis ou graus de evolução. Com uma visão etnocêntrica, tomando como modelo ou referência o seu próprio padrão cultural, os europeus julgavam que os povos africanos estariam nas primeiras etapas do processo evolutivo da humanidade, sendo vistos como inferiores, daí se referirem a eles como povos primitivos. Assim, o discurso acerca da colonização na África enfatizava o caráter civilizador da ação europeia, que estaria levando o progresso e a civilização para povos "atrasados" e "primitivos".

Sammlung Rauch/Latinstock

O jornalista Morton Stanley, homem de frente na empreitada de Leopoldo II na África, articulou a criação da Associação Internacional Africana para a construção de "postos avançados de civilização".

Missionários cristãos, católicos e protestantes tiveram um papel fundamental na dominação europeia na África. Ocupando o interior do continente, abrindo escolas onde ensinavam a língua do colonizador, difundiam a fé cristã e os valores da civilização ocidental, foram responsáveis pela desestruturação de tradições culturais africanas.

Embora possamos falar em acordos diplomáticos estabelecidos entre as nações europeias e as chefias africanas, a conquista da África não se deu de forma pacífica. A resistência africana ao domínio europeu deu-se através da tentativa de consolidar estruturas políticas unificadas, baseadas na formação de exércitos profissionais e na superação de divergências regionais – por meio da unidade religiosa ou da união contra inimigos externos comuns –, que fossem capazes de enfrentar a dominação europeia. Tais tentativas fracassaram devido a disputas internas, a dificuldades administrativas e militares, mas principalmente devido à crescente superioridade tecnológica da indústria bélica europeia.

O veterano cientista político queniano Ali Mazrui costumava dizer que nenhum outro continente sofreu em tão pouco tempo, menos de um século, tantas mudanças impostas ou vindas do exterior quanto a velha e rural África. Mudanças políticas, como a do colonialismo, novas religiões, novas línguas; uma economia que não era majoritariamente monetarizada passa de repente a ser globalizada ou ao risco da marginalização. Em resposta a tudo isso, os africanos ofereceram resistência, mas quase ao mesmo tempo, se preparavam para a mudança e até mesmo, quando indispensável, para a ruptura.

José M. Nunes Pereira. *África: um novo olhar*. Rio de Janeiro: CEAP, 2006.

Apesar de tantos anos de dominação europeia, de tentativa cotidiana de aniquilação da identidade dos povos, da desestruturação de seu sistema econômico, político e social, os africanos responderam à dominação estrangeira com estratégias de resistência.

Paradoxalmente, alguns dos elementos da cultura europeia introduzidos pelos colonizadores no continente africano tiveram um papel fundamental no surgimento dos movimentos nacionalistas, de oposição ao colonialismo europeu. A difusão da fé cristã, ao mesmo tempo em que foi responsável pela desorganização das crenças religiosas africanas e, portanto, contribuiu para a destruição da identidade cultural de diversos povos, se constituiu posteriormente em um elemento formador de uma nova identidade cultural a partir da qual se lutou contra a dominação europeia.

Nas escolas criadas por missionários religiosos europeus na África formou-se uma elite africana ocidentalizada que muitas vezes participou da própria administração colonial, ocupando cargos e exercendo funções intermediárias como agentes da dominação europeia. Com o tempo, parte dessa elite exerceu um papel central nas lutas pela independência dos países africanos, firmando-se como liderança importante de diversos movimentos nacionalistas de contestação à dominação europeia.

RESISTÊNCIA E INDEPENDÊNCIA

Apesar de movimentos nacionalistas terem surgido na África desde as primeiras décadas do século XX, as lutas de independência no continente ganharam força apenas a partir da segunda metade do século. Com o fim da Segunda Guerra Mundial, em 1945, a decadência das potências europeias e o início da Guerra Fria, caracterizada pela bipolarização política e ideológica entre o bloco socialista, liderado pela União Soviética (URSS), e o bloco capitalista, liderado pelos Estados Unidos (EUA), a disputa entre as duas superpotências por áreas de influência favoreceu o processo de descolonização africana. EUA e URSS apoiaram os movimentos de independência dos países africanos, fornecendo-lhes auxílio econômico e militar na luta contra as forças metropolitanas. Posteriormente, alimentaram os conflitos étnicos existentes no interior desses países a fim de ampliarem seu poder.

Com exceção da Etiópia – região independente desde a Antiguidade –, Libéria e África do Sul, países que se tornaram independentes ainda no século XIX e início do século XX, os demais territórios africanos conquistaram sua independência nos anos após a Segunda Guerra Mundial. A maioria dos países africanos alcançou sua independência nas décadas de 1950 e 1960, sendo as colônias portuguesas – Angola, Moçambique, Cabo Verde e Guiné-Bissau – as últimas a conquistarem a emancipação. Por fim, a Namíbia, que até a Primeira Guerra Mundial era um protetorado da Alemanha e a partir da década de 1920 tornou-se um protetorado sul-africano, foi o último país do continente africano a conquistar sua independência, no ano de 1990.

Variadas foram as estratégias de luta contra a dominação europeia: pela via pacífica, através da negociação entre as partes, ou pela via da guerra, com muitas perdas humanas.

A preocupação das potências europeias em preservar seus interesses na exploração das riquezas naturais africanas levou as principais metrópoles, França e Inglaterra, a negociarem com líderes africanos a retirada dos administradores europeus dos territórios dominados, controlando pacificamente o processo de emancipação de algumas de suas colônias e mantendo com elas estreitas relações econômicas e comerciais até os dias atuais.

A reação metropolitana aos movimentos de resistência dos africanos variava de acordo com o interesse da nação europeia em seu território na África e com as condições da colonização ali estabelecidas. Gana e Quênia, por exemplo, ambas colônias inglesas onde em 1956 ocorreram revoltas da população à colonização, provocaram reações diferentes da metrópole. Se em Gana a luta foi rápida, tendo sido este o primeiro território da África subsaariana a conquistar a independência no contexto do pós-Segunda Guerra, em 1957, no Quênia a Inglaterra reagiu com muita violência à organização de grupos guerrilheiros que lutavam pela libertação, e as guerras persistiram até 1963.

A ÁFRICA PORTUGUESA

Ao final da década de 1960, o processo de descolonização africana já estava bastante avançado. Apenas as colônias portuguesas eram mantidas sob controle de uma metrópole europeia. O processo de independência das colônias portuguesas na África foi marcado pela violência. Os movimentos guerrilheiros emancipacionistas formados em Angola, Moçambique, Guiné-Bissau e Cabo Verde desde o fim dos anos 1950 travaram intensas lutas contra forças do exército português até meados da década de 1970.

O desgaste provocado por anos de guerras coloniais, somado aos gastos militares excessivos que aprofundavam a crise na economia portuguesa, acentuou a insatisfação de jovens oficiais das Forças Armadas com o governo ditatorial estabelecido em Portugal desde os anos 1920 e esses fatores acabaram por levar à Revolução dos Cravos, movimento que derrubou o governo de Marcelo Caetano, governante que se recusava a aceitar a independência africana. A Revolução dos Cravos, desencadeada em 25 de abril de 1975, restabeleceu a democracia portuguesa, pois o país vivia sob ditadura desde 1933. A subida ao poder do governo revolucionário democrático em Portugal abriu o caminho para a retirada das tropas portuguesas do continente africano e o reconhecimento da independência de suas antigas colônias.

A luta armada na Guiné-Bissau e em Cabo Verde, liderada pelo Partido Africano da Independência da Guiné e Cabo Verde (PAIGC), de orientação socialista, estendeu-se de 1961 até 1972, sendo a emancipação desses países reconhecida por Portugal três anos depois. Em Moçambique, a Frente de Libertação de Moçambique (FRELIMO), também de orientação marxista, alcançou a independência do país em 1975, após doze anos de conflitos com tropas portuguesas. Em Angola, o movimento emancipacionista dividiu-se em três grupos com tendências distintas: o Movimento Popular de Libertação de Angola (MPLA), de orientação marxista e apoiado pela URSS, a Frente Nacional para a Libertação de Angola (FNLA), anticomunista e financiada pelos EUA, e a União Nacional para a Independência Total de Angola (UNITA), grupo que a princípio tinha uma orientação comunista mas logo tornou-se anticomunista, recebendo o apoio da África do Sul.

A emancipação, em 1975, não significou, no entanto, o fim das guerras nas ex-colônias portuguesas. Em Moçambique, Samora Machel, líder da FRELIMO, assumiu a presidência e instaurou um governo socialista no país, enfrentando forte oposição da Resistência Nacional Moçambicana (RENAMO), grupo anticomunista aliado ao bloco norte-americano e apoiado pelo governo sul-africano de minoria branca. A guerra civil estendeu-se até meados da década de 1990. Em Angola, os confrontos entre a UNITA e o MPLA persistiram após o reconhecimento da independência do país e a subida ao poder de Agostinho Neto, líder do MPLA. O país viveu então duas décadas de uma intensa guerra civil, responsável pela mutilação e morte de milhares de pessoas, além da desorganização da economia nacional e o consequente agravamento das precárias condições de vida da maioria da população.

Líderes dos movimentos anticoloniais africanos

Nessa longa história de resistência dos povos africanos, podemos citar algumas pessoas que desempenharam papel de liderança nos movimentos de independência.

Amílcar Cabral

Nascido a 12 de setembro de 1924 em Bafatá, na Guiné-Bissau, foi um dos mais importantes líderes africanos. Formado em Agronomia em Lisboa, Portugal, retorna à Guiné-Bissau em 1952, onde trabalha como agrônomo. Desde então é um ferrenho opositor à colonização portuguesa, o que o leva ao exílio, por ordem do governo colonial.

AFP

Amílcar Cabral.

De volta à Bissau, em 1956 cria o PAIGC – Partido Africano pela Independência da Guiné-Bissau e de Cabo Verde – junto com outros que também lutam para construir os Estados nacionais guineense e cabo-verdiano. Diante da recusa portuguesa em negociar a independência desses domínios coloniais, o PAIGC parte para a luta armada em 1963. Considerado um dos mais carismáticos líderes africanos, a atuação de Amílcar Cabral não se limitou à política, tendo se destacado também na esfera cultural. No ano de 1973, foi assassinado e seu irmão, Luiz Cabral, assumiu seu lugar na liderança da luta pela independência. No ano seguinte, a Guiné-Bissau deixou de ser colônia portuguesa e tornou-se um país independente, a República da Guiné-Bissau.

Samora Moisés Machel

Neto de um guerreiro de Gungunhana e filho de um agricultor, Samora Machel nasceu em 29 de setembro de 1933 na aldeia de Madragoa (atualmente Chilembene, Moçambique). Trabalhou como enfermeiro na ilha da Inhaca, próxima à cidade de Maputo, onde casou com Sorita Tchaicomo. Em 1963 ingressou na Frente de Libertação de Moçambique (FRELIMO), de inspiração socialista, tornando-se um importante líder da resistência moçambicana. Após a independência, conquistada em 1975, tornou-se o primeiro presidente moçambicano. Nesse mesmo ano recebeu o Prêmio Lênin da Paz. Governou o país até 1986, quando faleceu em um acidente de avião na República da África do Sul.

Sahm Doherty/Time Life Pictures/Getty Images

Samora Moisés Machel.

Kwame Nkrumah

Nascido em Gana, em 21 de setembro de 1909, Francis Nwia-Kofi Ngonloma (depois nomeado Kwame Nkrumah) graduou-se nos Estados

Unidos e foi um dos fundadores do Pan--Africanismo, movimento organizado por negros norte-americanos e antilhanos que idealizava a união de todos os povos africanos e de seus descendentes na América através da construção dos "Estados Unidos da África". De volta a Gana, destacou-se na defesa pela descolonização da África, sobretudo na luta pela independência de seu país. Quando da independência de Gana, em 1957, Nkrumah foi nomeado primeiro-ministro e aliou-se ao bloco comunista liderado pela URSS. Tendo se declarado presidente vitalício de Gana em 1964, sofreu um golpe de Estado dois anos depois, o que o obrigou a exilar-se na Guiné, onde permaneceu até sua morte, em 1972.

Willis D. Vaughn/National Geographic/Getty Images

Kwame Nkrumah.

Interfoto/Latinstock

Antônio Agostinho Neto.

Antônio Agostinho Neto

Nascido em Ícolo e Bengo, distrito de Luanda, Angola, no ano de 1922, estudou medicina na Universidade de Coimbra, fazendo parte da geração de africanos que, após viverem na Europa, retornam à África para lutar contra o colonialismo europeu no continente. Foi um dos fundadores do Movimento Popular de Libertação de Angola e tornou-se o primeiro presidente do país após a independência, em 1975. Nesse mesmo ano recebeu o Prêmio Lênin da Paz. Governou, instalando um governo socialista no país, até 1979, quando faleceu.

Samory Toure

Guerreiro e soberano malinké, nasceu em Miniambaladougou, na atual Guiné, em 1830. Fundou um estado islâmico e é considerado um importante líder da resistência ao colonialismo, pois lutou contra a dominação francesa na África Ocidental até sua morte, ocorrida em 1900, no Gabão.

Roger Viollet/Getty Images

Samory Toure.

Nelson Rolihlahla Mandela

O mais conhecido dos líderes africanos que lutaram contra a dominação europeia na África, o principal ativista do movimento antiapartheid na África do Sul. O apartheid foi um regime implantado à força pelo governo da minoria branca do país no século XX, que segregava os negros, mantendo-os sob condições de vida muito piores que a dos brancos. Mandela estudou direito e envolveu-se com o movimento estudantil, protestando contra a política oficial segregacionista. Em 1942, ingressou no Congresso Nacional Africano, onde fundou a Liga Jovem do partido e, posteriormente, o braço armado do mesmo partido. Preso em 1962, foi condenado à prisão perpétua. Permaneceu preso por 27 anos, tendo sido libertado no ano de 1990 em função da pressão interna e internacional contra a política do apartheid. Quatro anos depois, nas primeiras eleições multirraciais do país desde a independência, foi eleito presidente da república.

Jon Hrusa/epa/Corbis

"A luta é a minha vida. Continuarei a lutar pela liberdade até o fim de meus dias." – Nelson Mandela.

O caso da África do Sul

A história da África do Sul se destaca dos demais países do continente africano por apresentar algumas particularidades importantes. A colonização europeia na região do Cabo, extremo sul do continente, começou no século XVII, com a chegada de holandeses que se estabelecem no local. Chamados de bôeres, esses colonos holandeses permaneceram ali até o início do século XIX, quando a região foi ocupada por ingleses e eles foram obrigados a migrar para regiões mais ao norte, fundando os Estados de Transvaal e Orange. A descoberta de minas de ouro e diamantes na região do Transvaal, em 1866, atraiu muitos estrangeiros e acirrou a disputa pela região, aumentando a tensão entre bôeres, ingleses e negros nativos. A Guerra dos Bôeres (1899-1902) marcou o auge dos conflitos entre os ingleses e os descendentes dos primeiros colonos holandeses. A guerra terminou com a vitória dos britânicos, a união das regiões e a formação da União Sul-Africana, que foi mantida sob domínio inglês até 1910.

Após a independência, a minoria branca de origem europeia se manteve no poder e colocou em prática uma política discriminatória contra os não--brancos, dentre eles indianos, malaios, mestiços, árabes e, especialmente, negros. Baseada na ideologia da superioridade de raça branca, a política segregacionista do governo foi oficializada em 1948, com a Lei do Apartheid, que impôs uma série de restrições aos não--brancos, impedindo o acesso de negros à propriedade da terra e à participação política, limitando seu espaço de circulação e de acesso a serviços, o que criou uma fronteira racial, social, econômica e política entre a maioria da população negra e a minoria branca.

EI C

"Para uso de pessoas brancas" – placa em local público na África do Sul na época do apartheid.

A história da resistência da população negra da África do Sul ao colonialismo e ao apartheid é longa e sangrenta. Desde o início do século XX, e sobretudo a partir da década de 1950, a maioria negra lutou por direitos civis e políticos. Reunidos no Congresso Nacional Africano (CNA), partido organizado por lideranças negras, dentre elas Nelson Mandela, a população organizou diversas manifestações de protesto contra a política do apartheid. Em 1960, em Sharpeville, durante um protesto pacífico contra uma lei que obrigava os negros a utilizarem passaportes de identificação para se locomoverem dentro das cidades, a polícia sul-africana reagiu provocando a morte de dezenas de manifestantes, o que desencadeou uma série de conflitos e greves por todo o país. A política segregacionista do governo de minoria branca tornou-se ainda mais repressora: o partido do Congresso Nacional Africano foi posto na ilegalidade, seus membros foram perseguidos e seu líder, Nelson Mandela, foi preso e condenado à prisão perpétua.

Keystone/Getty Images

Massacre de Sharpeville, na África do Sul, em 21 de março de 1960.

O dia 21 de março, data em que ocorreu o massacre em Sharpeville, foi escolhido pela Organização das Nações Unidas (ONU) como Dia Mundial de Protesto contra o Racismo.

A partir do final da década de 1970, os conflitos entre a força policial e a população negra, que aconteciam cotidianamente no país, começaram a ser veiculados pela imprensa internacional, o que desencadeou uma mobilização, não só na África do Sul, mas também em diversos países, contra a prisão de Mandela e a política do apartheid. Finalmente, em 1990, a lei foi extinta e Nelson Mandela foi libertado. Quatro anos depois, nas primeiras eleições multirraciais do país, Mandela foi eleito o primeiro presidente negro da África do Sul.

A África do Sul é ainda hoje um país com altos índices de desigualdade social, mas tem um parque industrial considerável, onde as multinacionais se instalaram em busca de mão de obra barata, matéria-prima e riquezas naturais. O subsolo do país é riquíssimo em minérios, e lá estão localizadas inúmeras jazidas de diamante e ouro que são exploradas por empresas estrangeiras.

A ÁFRICA PÓS-INDEPENDÊNCIAS

Atualmente o continente africano é formado por cinquenta e três países que ainda hoje apresentam, em sua grande maioria, uma estrutura política, econômica e social frágil e instável, e não conseguiram superar seu passado colonial. Continuam sendo fornecedores de matéria-prima aos países industrializados, mantendo-se na periferia do capitalismo. A colonização europeia levou à destruição de parte das tradições culturais africanas, à desorganização de estruturas produtivas milenares e a submissão da população local ao trabalho escravo em larga escala. A exploração das riquezas naturais e grandes reservas de ouro, diamantes e petróleo por empresas multinacionais estrangeiras não garantiu a melhoria das condições de vida da população. O continente apresenta os piores indicadores econômicos e sociais do mundo, com índices de pobreza, mortalidade infantil e analfabetismo alarmantes. Mais recentemente, a partir da década de 1990, a proliferação de doenças e epidemias como a AIDS tornou-se mais um problema a ser enfrentado por governos e pela sociedade civil.

A difícil situação econômica e social do continente torna-se ainda mais grave em função dos conflitos e guerras civis que eclodiram em diversos países após a emancipação política. O processo de consolidação dos Estados nacionais nesse continente ainda se encontra em andamento e alguns países não superaram conflitos étnicos que têm sua origem na apropriação europeia do continente africano. As novas nações africanas, recém libertas, aproveitaram as fronteiras estabelecidas pelas nações europeias para estabelecer os limites de seus territórios. São constantes e trágicas as notícias e imagens de guerras civis veiculadas pela imprensa internacional. O conflito entre hutus e tutsis, por exemplo, dois grupos étnicos que vivem em Ruanda e Burundi, tem sua origem no período colonial, quando os belgas utilizaram como estratégia de dominação o favorecimento de um grupo étnico, concedendo privilégios e cargos de comando aos tutsis, em detrimento dos hutus, despertando nestes um ódio crescente. Com a independência de Ruanda, a rivalidade entre eles veio à tona. Em 1994, o assassinato do presidente Habyarimana, eleito pela maioria hutus, foi o estopim que levou à eclosão de uma guerra civil em que houve o massacre do povo tutsi, com o extermínio de cerca de um milhão de pessoas. A comunidade internacional se omitiu diante do conflito, as representações diplomáticas dos países ocidentais e até mesmo as tropas da ONU foram retiradas do país. Somente recentemente o presidente Sarkozy, em visita a Ruanda, admitiu o erro cometido pelo governo francês na ocasião do massacre.

Os conflitos, além de causarem inúmeras perdas humanas, destroem o espaço construído, comprometem o sistema produtivo e geram miséria nos países envolvidos. O conflito do Sudão, a guerra em Angola e tantos outros que têm eclodido no continente são também responsáveis pela subnutrição da população, pelas doenças, pela mutilação de membros do corpo e pela morte de milhões de africanos.

O conflito no Sudão, que durou mais de 21 anos, foi responsável por aproximadamente dois milhões de mortos e três milhões de refugiados. Em 2005 foi assinado um tratado que dava a independência da região sul do Sudão. O mais novo país do mundo, Sudão do Sul, também conhecido como Novo Sudão, é rico em petróleo, mas tem um dos piores indicadores sociais do mundo, decorrente das altas taxas de mortalidade infantil, do analfabetismo e do péssimo sistema de saúde.

notícias esportes entretenimento vídeos

buscar | no g1 | OK

/ mundo / ruanda

25/02/10 - 10h15 - Atualizado em 25/02/10 - 12h07

Sarkozy admite erros operacionais da França durante o genocídio de Ruanda

Presidente afirmou que Operação Turquesa começou 'tarde demais'.
É a primeira visita de um chefe de Estado francês ao país após conflitos.

Da France Presse

O presidente francês, Nicolas Sarkozy, reconheceu nesta quinta-feira (25) em Kigali, em Ruanda, "graves erros de apreciação" da França e da comunidade internacional durante o genocídio de 1994 que ocorreu no país africano. O líder francês também homenageou as vítimas, que, segundo a Organização das Nações Unidas (ONU), chegaram a cerca de 800 mil pessoas.

"O que aconteceu aqui é inaceitável, mas obriga a comunidade internacional, o que inclui a França, a refletir sobre seus erros que impediram prevenir e deter esse crime espantoso", declarou Sarkozy durante uma entrevista coletiva à imprensa ao lado do presidente ruandês, Paul Kagame. Entre as falhas cometidas, Sarkozy citou "uma forma de cegueira quando não vimos a dimensão genocida do governo do presidente que foi assassinado (Juvénal Habyariama). Além disso, cometemos erros na Operação Turquesa, que foi realizada tarde demais".

A Operação Turquesa foi uma medida militar e humanitária iniciada pelo Exército francês em junho de 1994, três meses depois do início do genocídio.

Notícias Globo.com-G1, 25 fev. 2010. Disponível em: <http://g1.globo.com/Noticias/Mundo/0,,MUL1505062-5602,00-SARKOZY+ADMITE+ERROS+OPERACIONAIS+DA+FRANCA+DURANTE+O+GENOCIDIO+DE+RUANDA.html>. Acesso em: set. 2012.

África: Sudão do Sul

Fonte: CIA. South Sudan. *The World Factbook*. Disponível em: <https://www.cia.gov/library/publications/the-world-factbook/geos/od.html>. Acesso em: ago. 2012.

A ÁFRICA HOJE

Os países desenvolvidos, desde o período da Guerra Fria, e mais recentemente os países emergentes, têm voltado seus olhos para o continente africano. Além dele ainda ser visto como uma rica fonte de matéria-prima, as imagens da pobreza africana, veiculadas pela imprensa, sensibilizam a todos. Por conta dessa situação, o continente recebe constante ajuda internacional através de instituições governamentais estrangeiras e de milhares de organizações não governamentais espalhadas pelo continente. Mas, se por um lado esse investimento é muito benvindo, por outro lado essas "ajudas" também podem dificultar e até mesmo impedir o desenvolvimento econômico, político e social dos países. A produção agrícola dos países do continente fica comprometida, por exemplo, quando uma nação europeia envia, a título de "ajuda humanitária", uma quantidade enorme de grãos para a população de um determinado país africano.

São diversos os exemplos de interferência negativa no sistema produtivo, político e social. Muitos chefes de Estado dos países africanos estão frequentemente envolvidos em denúncias de corrupção: utilizam-se do poder para se apropriar do dinheiro e dos produtos que chegam como "ajuda" do exterior e assim enriquecer. Para o economista queniano James Shikwati, "a África não precisa de doações, mas de uma chance de administrar e comercializar as próprias riquezas".

> África vive uma tripla condição restritiva: prisioneira de um passado inventado por outros, amarrada a um presente imposto pelo exterior e, ainda, refém de metas que lhe foram construídas por instituições internacionais que comandam a economia.
>
> Mia Couto. "Prefácio". In: Leila Leite Hernandez. *A África na sala de aula*. São Paulo: Selo Negro, 2005.

Desde o fim da Guerra Fria, os países do continente agruparam-se em blocos regionais e têm buscado caminhos para enfrentar seus problemas. Apesar de apresentar os piores indicadores sociais e econômicos do mundo, a África resiste.

PARTE II
A ÁFRICA NO BRASIL

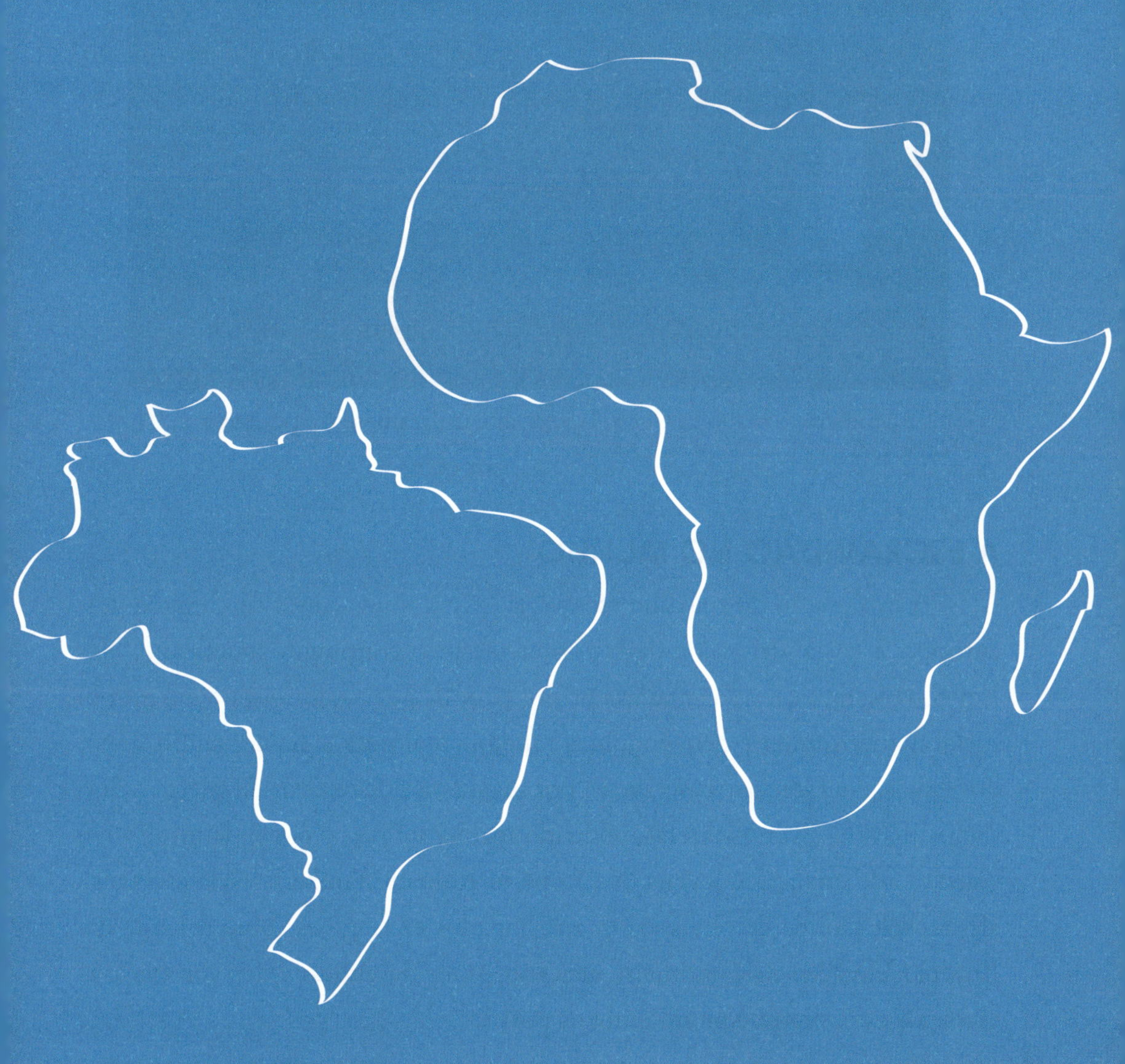

CAPÍTULO 4 – ESCRAVISMO E RESISTÊNCIA

Cynthia Brito/Pulsar Imagens

Casa dos Escravos na ilha de Gorée, Senegal, de onde os africanos escravizados embarcavam para a Europa ou a América.

A ESCRAVIDÃO NO MUNDO

A exploração do trabalho escravo já existia muito antes da chegada dos europeus à costa africana e de seu interesse pelo continente americano. No Egito, os escravos, em sua maioria prisioneiros de guerra, formavam um grupo social numericamente pequeno, mas fundamental para a economia do reino dos faraós. Na Grécia, os escravos – por dívida ou prisioneiros de guerra – desempenhavam diversas tarefas, podendo inclusive fazer o papel de tutores na educação de crianças e jovens. No Império Romano também havia escravos, alguns deles loiros de olhos azuis, aprisionados em regiões como o Leste da Europa. Também no continente africano, antes da chegada dos europeus, a escravidão era muito comum entre os povos.

Tanto na Europa quanto na África as pessoas eram escravizadas por vários motivos: por terem perdido uma batalha, por serem estrangeiras, por dívidas e, em alguns casos, por serem filhos de escravos.

A escravidão na África tinha diversas formas, variava de uma região para outra, entre os diversos espaços e entre povos e culturas. Não é possível precisar o tempo e o lugar onde as diferentes formas de escravidão aconteceram no continente. Certo é que o escravo poderia ser utilizado para fazer o trabalho mais pesado ou até poderia ser utilizado como sacrifício humano aos deuses no lugar de um membro da família. Documentos relatam que, em alguns casos, o escravo era tratado como membro da família e, em outros, era usual a violência contra o cativo.

De todas as formas, nas mais diferentes situações, o que define a condição do escravo não é a função que ele exerce nem a falta de remuneração por seu trabalho, mas sim a relação estabelecida entre ele e seu senhor: o escravo não é livre, pertence a alguém.

O TRÁFICO DE ESCRAVOS NO CONTINENTE AFRICANO

O tráfico de escravos africanos foi iniciado pelos árabes no século IX com o estabelecimento da rota transaariana, ou seja, que cruzava o deserto do Saara, através da qual três milhões de pessoas foram levadas como escravas. Nas sociedades muçulmanas a escravidão atingia brancos e negros indistintamente, pois não havia a escravidão racial.

Na África islâmica a mulher era responsável pelo trabalho na agricultura. A escrava mulher era mais valorizada e seu preço era mais alto que o do escravo homem pois, além de reproduzir, ela tinha também a função de produzir. Quando o europeu se interessou pelo comércio de escravos, preferiu o homem, porque era mais barato.

Com o processo de colonização das Américas pelos europeus durante a época moderna, o comércio de escravos desenvolveu-se intensamente. Durante um extenso período de tempo, os portugueses tiveram o monopólio do tráfico transatlântico. A partir do século XVII holandeses, espanhóis, ingleses e franceses passaram a participar intensamente desse comércio. No século seguinte, brasileiros também participam do tráfico de escravos da África para a América, tendo Francisco Félix de Souza se tornado um dos mais importantes traficantes de escravos. Nascido na Bahia, Chachá, como era conhecido, estabeleceu estreita relação com o rei de Daomé, atual Benin, o que lhe conferiu poder e possibilitou acumular fortuna.

Os europeus justificaram a escravidão dos negros principalmente com argumentos religiosos, pois, não sendo adeptos da fé cristã como os europeus, eram considerados "infiéis".

Fluxo do tráfico de africanos escravizados (séculos XVI ao XIX)

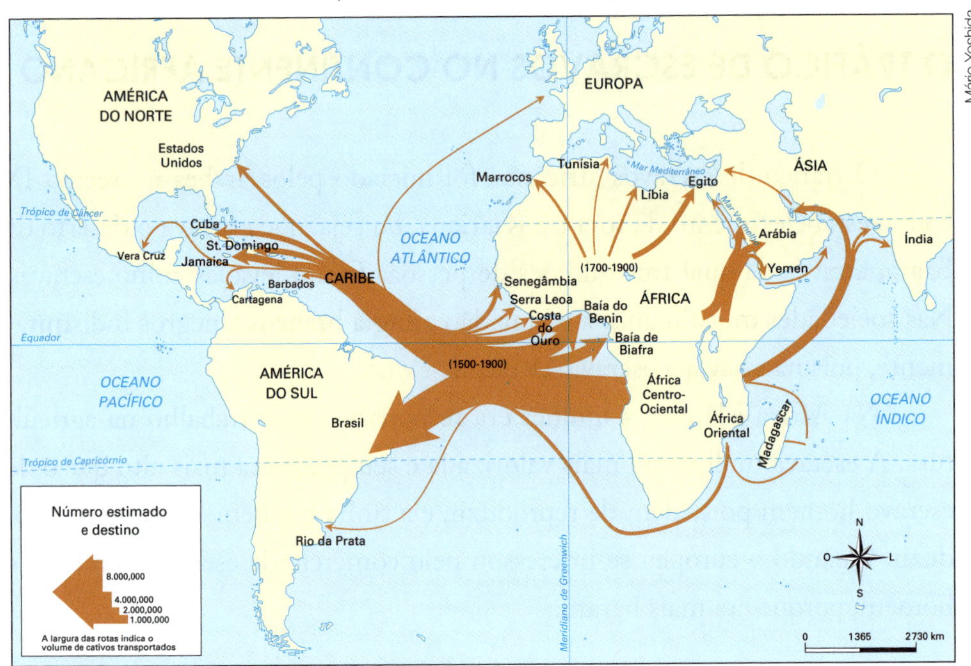

Fonte: <http://www.slavevoyages.org/tast/assessment/intro-maps/01.jsp>. Acesso em: ago. 2012.

O tráfico de africanos escravizados foi responsável pelo maior deslocamento populacional da história da humanidade. Entre os séculos XVI e o XIX, cerca de onze milhões de africanos, metade deles oriundos da África Ocidental, foram embarcados como escravos em diferentes portos do continente em direção às Américas, sendo aproximadamente cinco milhões para o Brasil.

Na segunda metade do século XV foram estabelecidas as rotas do tráfico de escravos do continente para as ilhas atlânticas da África, entre elas Cabo Verde e São Tomé e Príncipe. Posteriormente, a partir do século XVI, do continente africano para o continente americano.

O Tráfico Atlântico – 1500/1900

Região	Número de escravos
Europa e Ilhas do Atlântico	175.000
América espanhola	1.552.000
Brasil	4.010.000
Caribe britânico	1.665.000
América do Norte britânica	275.000
Estados Unidos	124.000
Caribe francês e Guiana	1.600.000
Caribe holandês e Guiana	500.000
Índias ocidentais dinamarquesas	28.000
Total	11.970.000

Fonte: Philipe Curtis. *The atlantic slave trade.* Londres: Universidade de Wisconsin, 1969.

Cerca de 70% dos escravos vindos para o Brasil eram originários da África Central, sendo que cerca de 45% saíram de portos e entrepostos localizados entre Loango (no norte da África Central) e Benguela (o ponto mais ao sul).

Mercado de arte, Paris

Jean-Baptiste Debret. *Mercado de escravos*, 1827.

Não se sabe precisar a data em que chegaram os primeiros negros ao Brasil, mas é fato que, em meados do século XVI, os portugueses estabeleceram a rota do tráfico de escravos entre a África e o continente americano através do oceano Atlântico. Quando o império português voltou seu interesse para a produção de açúcar, apropriou-se da estrutura da escravidão já existente no continente africano e inaugurou o tráfico de escravos transatlântico.

As rotas do tráfico para as Américas

Regiões africanas fornecedoras de escravos	
Região Mandinga	Brasil e Antilhas
Ashanti, Ibô, Daomé e Benin	Brasil, Antilhas e América do Norte
Luanda e Bailundo	Brasil
Zanzibar	Antilhas e América do Norte
Ambongo	Brasil

OS POVOS AFRICANOS NO BRASIL

O modelo de colonização implantado pelos portugueses em suas colônias durante a época moderna baseou-se na produção de riquezas no sistema de *plantation*, ou seja, na produção monocultora em larga escala, em grandes extensões de terra – latifúndios – voltada para a exportação, com a utilização de mão de obra escrava.

A expansão da atividade agroexportadora de açúcar, em função do aumento da demanda internacional pelo produto e, mais tarde, a descoberta de ouro e diamante, e o consequente desenvolvimento da atividade mineradora, levaram à necessidade permanente de um expressivo contingente de mão de obra.

Arquivo Histórico Ultramarino, Lisboa

Padre Antônio Vieira convertendo os Índios do Brasil, litografia, séc. XVIII.

Os povos indígenas foram escravizados na América portuguesa. Mas diversos fatores explicam a dificuldade em utilizar o trabalho escravo indígena em larga escala, dentre os quais podemos destacar: o alto índice de mortes

O comércio de escravos era um negócio tão lucrativo que os reis europeus eram sócios das Companhias de Comércio. D. Pedro II, rei de Portugal, sócio da Companhia Real da Guiné e das Índias, em 1693, entregou dez mil negros na América espanhola. A rainha da Inglaterra Elizabeth I deu início ao negócio de escravos em seu país no século XVI e o rei D. Jaime II foi sócio da Companhia Africana, tendo enriquecido graças a esse comércio, que teve seu apogeu entre 1750 e 1820, quando saíram da África em média sessenta mil escravos por ano.

decorrentes de doenças transmitidas pelos europeus – tais como varíola e sarampo –, o êxito nas fugas em função de maior conhecimento do território e a pressão dos jesuítas que vieram para o Brasil com a missão de expandir a fé cristã catequizando os povos nativos.

Coube, assim, aos negros a tarefa de suprir as maiores demandas de mão de obra no Brasil. A preferência pela utilização da mão de obra escrava africana deveu-se também ao fato de o tráfico de escravos ser uma atividade muito lucrativa para a metrópole portuguesa. O comércio de negros – um escravo africano em meados do século XVI custava três vezes mais do que o escravo indígena – possibilitou a acumulação de capital no reino português e o enriquecimento de um importante grupo de comerciantes: os traficantes de escravos.

Ao longo dos séculos XVI e XVII a maior parte dos africanos que vieram para o Brasil eram provenientes da região da Senegâmbia e da região da Alta Guiné – Senegal, Guiné Bissau, Gâmbia – na África Ocidental. A partir do final do século XVII, a África Centro-Ocidental – o delta do rio Níger, o Congo e Angola (Luanda e Benguela) – alimentou o tráfico transatlântico e, nos séculos XVIII e XIX, tornou-se a maior fornecedora de escravos para o Brasil. Somente no século XIX a região oriental do continente africano – Moçambique e região do rio Zambeze – passou também a fornecer escravos para o Brasil.

ERA REI E SOU ESCRAVO

Era rei e sou escravo. Era livre e sou mandado.
Onde a minha terra firme, África de meus amores.
Onde a minha casa branca, minha mulher e meus filhos.
Me trouxeram para longe, amarrado na madeira,
me bateram com chicote, me xingaram, me feriram.
Era rei e sou escravo. Era livre e sou mandado...

Milton Nascimento. *Era rei e sou escravo*, 2004.

As guerras entre os povos africanos foram fundamentais para o desenvolvimento do comércio transatlântico, pois geraram milhões de escravos, alimentando por muito tempo o tráfico desses. Reis e rainhas de povos africanos foram aprisionados, feitos escravos e vendidos para o Brasil por seus inimigos no continente africano.

Aqualtune, filha do rei do Congo, foi escravizada juntamente com seu exército de 10 mil guerreiros após derrota em uma luta entre reinos africanos. A bordo de um navio de tráfico de escravos, foi trazida para o Brasil, chegando ao Porto de Recife. Aqui foi comprada como escrava reprodutora e levada para a região de Porto Calvo, no sul de Pernambuco. Lá fez parte das histórias de resistência dos negros à escravidão, participando então da trajetória de Palmares, um dos principais quilombos negros durante o período escravocrata. Aqualtune seria a avó de Zumbi dos Palmares. Em uma das guerras comandadas pelos paulistas para a destruição de Palmares, a aldeia de Aqualtune, que já estava idosa, foi queimada. Não se sabe ao certo a data de sua morte.

Ná Agontimé, mãe do rei Guezo do Daomé, foi vendida para traficantes por seu inimigo, o rei Adandozan. Ela teria vivido em São Luiz do Maranhão, onde teria criado o Tambor de Mina.

D. Obá II d'África, príncipe africano, nasceu no Brasil, na Bahia, e era neto do poderoso rei Alafin Abiodun, unificador do Império Ioruba. Príncipe guerreiro, D. Obá lutou na Guerra do Paraguai, entre 1864 e 1870, e foi condecorado por bravura.

O **príncipe Fruku, do Daomé,** foi vendido para o Brasil pelo rei Tegbesu. Após vinte e quatro anos vivendo na Bahia, ele voltou para a Costa dos Escravos, agora com outro nome, D. Jerônimo, "o brasileiro". Lá tentou reconquistar sua posição anterior mas não obteve sucesso.

Fontes: Caderno de Formação do MNU – Movimento Negro Unificado. *Dicionário mulheres do Brasil de 1500 até a atualidade - biográfico e ilustrado*, Rio de Janeiro: Zahar, 2000. Alberto da Costa e Silva. *Um rio chamado Atlântico*, Rio de Janeiro: Nova Fronteira, 2003. Renato Barbieri, *A rota dos Orixás*, filme, 75 min.

O LONGO CAMINHO DA ALDEIA ATÉ O NAVIO

Com o aumento da demanda por mão de obra escrava nas atividades agrícolas das colônias americanas, muitos africanos foram capturados em suas aldeias não apenas em situações de guerra, mas em momentos em que estavam desempenhando alguma atividade cotidiana como, por exemplo, banhando-se no rio.

O comércio de escravos entre os portugueses e os chefes africanos era feito no litoral do continente e, até meados do século XIX, só em algumas áreas o europeu avançava para o interior, mediante o consentimento dos reis e chefes locais. Os escravos eram trazidos do interior e comercializados no litoral, trocados por armas, fumo, pólvora, cachaça, entre outras mercadorias trazidas da Europa e da América.

Wordpress

Theodor de Bry. *Posto de trocas entre africanos e europeus na costa atlântica da África*, final do século XVI.

O percurso das aldeias até as feitorias, entrepostos de comércio estabelecidos em pontos estratégicos do litoral africano, era feito a pé. Eram verdadeiros comboios de escravos. As viagens podiam durar até um ano, dependendo do lugar da África onde os cativos eram capturados. Escravos que trabalharam nas minas de ouro e diamantes de Minas Gerais e de Goiás, no Brasil, vieram de regiões do interior do continente africano. O poema de Castro Alves *O navio negreiro* fala dos escravos que vieram das áreas do deserto.

O NAVIO NEGREIRO

São os filhos do deserto
Onde a terra esposa a luz
Onde voa em campo aberto
A tribo dos homens nus [...]

São os guerreiros ousados
Que com os tigres mosqueados
Combatem na solidão.
Ontem simples, fortes, bravos.
Hoje míseros escravos,
Sem luz, sem ar, sem razão.

Castro Alves. *O navio negreiro*, 1869.

Os escravos eram acorrentados, presos um ao outro pelo pescoço, por uma cadeia de ferro chamada de **libambo**. Havia também outros tipos de libambo, feitos com materiais mais baratos como corda, tira de couro e forquilha, onde os escravos eram presos em dupla e cada dupla era amarrada pelas mãos a outra dupla. Os que não resistiam eram abandonados ao longo do caminho.

Enquanto aguardavam para embarcar nos navios, os cativos ficavam alojados nos subsolos úmidos e insalubres de **feitorias** fortificadas que serviam de entreposto para o comércio de escravos. Na costa atlântica podemos citar os fortes de Gorée, Saint Louis, Cacheu, Mina, Ajudá, Luanda, Benguela, Cape Coast, entre outros. O forte de Arguim, na Guiné, foi um dos primeiros entrepostos de escravos. Na costa do oceano Índico, Sudd, ao sul da Núbia, e, Ualata, Gana, Gaô, Timbuctu. E na região do Sahel, em Quíloa, Mombaça, Angoche, Zanzibar e tantas outras feitorias.

> **feitorias:** edificações fortificadas construídas em pontos estratégicos dos litorais africano e brasileiro; entrepostos de comércio para troca de mercadorias e bases militares para a defesa do território, da dominação metropolitana sobre a colônia.

Atlas Blaeu van der Hem

A fortaleza de Elmina, chamada pelos portugueses de Castelo São Jorge da Mina, construída em 1482 no litoral do atual Gana, África Ocidental. A maior fortaleza portuguesa na África no século XV, foi o primeiro edifício europeu erguido na África subsaariana. Lá, os escravos eram "armazenados" antes de serem transportados para as Américas.

A ilha de Gorée, localizada a três quilômetros da cidade de Dakar capital do Senegal, foi descoberta pelos portugueses em 1444. Nela está a Casa dos Escravos, construída em 1786. Durante séculos este local foi um entreposto utilizado para o embarque de milhares de africanos para a Europa e para a América. Passado o portão de entrada, chega-se a um pátio rodeado de quartos, onde ficavam os escravos domésticos, e de celas onde os escravos eram aprisionados, separados por idade e sexo antes de serem embarcados. Nos fundos da casa, abre-se uma porta sobre o mar, a porta da **"viagem sem volta"**, onde atracavam os pequenos barcos que levavam os escravos até os navios ancorados em alto mar.

Nicola Destefano

Porta da "viagem sem volta", Casa dos Escravos, Ilha de Gorée, Senegal.

A VIAGEM NOS TUMBEIROS

Os negros capturados na África eram forçados a embarcar rumo à escravidão na América, em viagens que podiam durar cinquenta dias. Empilhados nos porões dos navios, ali eles se alimentavam, dormiam e faziam suas necessidades. As inúmeras mortes ocorridas nesses navios, chamados "tumbeiros", deviam-se às péssimas condições de viagem, à alimentação precária e insuficiente, aos maus tratos e ao suicídio de escravos que se negavam a comer ou enforcavam-se em suas correntes. As perdas giravam em torno de 20% a 40% dos cativos transportados mas, em algumas viagens, mais da metade dos escravos eram lançados ao mar por conta das doenças que se desenvolviam nesse ambiente insalubre.

> Descrevendo cenas que assistiu em Angola, refere-se padre Cavazzi à partida de um de seus companheiros, frei Boaventura de Correglia, de São Paulo de Luanda para o Brasil, numa caravela em que iam 900 escravos [...]. Empilhados sem ordem e sem distinção de sexo e idade, não tardou que uma epidemia em poucos dias deles matasse 250.
> [...] No navio a que chama *la nave dil Purgatorio*, além dos marujos, oficialidade e passageiros, iam 789 negros, dos quais morreram 80, durante a travessia.
> A 30 de junho de 1733 era o assunto da carta do governo fluminense o caso da fragata, trazendo escravos da Mina, com o mal de Luanda e fome a bordo. [...]
> Gomes Freire de Andrada escrevendo a 17 de outubro de 1734 a Rodrigo Cesar de Menezes, então governador de Angola, tratava da necessidade dos navios negreiros serem providos de mantimentos...
>
> Affonso de E. Taunay. *Subsídios para a história do tráfico no Brasil colonial.* Rio de Janeiro: Imprensa Nacional, 1948.

O tráfico de escravos da África para o Brasil era uma atividade de tal maneira rendosa que os traficantes contratavam arquitetos para fazer plantas da disposição dos escravos no navio, a fim de embarcar o maior número de negros possível e, assim, compensar as perdas ocorridas durante a viagem.

AMISTAD

Filme do diretor Steven Spielberg baseado em uma história real, *Amistad* narra o drama vivido pelos negros na travessia entre a África e o continente americano.

Em 1839 dezenas de negros foram transportados pelo navio de tráfico de escravos português Tecora para Havana, em Cuba, onde foram comprados por espanhóis e embarcados no navio Amistad. Em alto mar, os escravos, chefiados por Sengbe Pieh, apoderaram-se do navio. Forçados a ancorar em Connecticut, por falta de alimentos, o navio foi capturado pela Marinha dos Estados Unidos, onde a escravatura já era proibida e punida com pena de morte. Ainda assim, os escravos africanos foram detidos e acusados de motim e homicídio. Somente em 1841, o Supremo Tribunal dos Estados Unidos decidiu pela libertação dos escravos e seu retorno para a África.

Divulgação/DreamWorks Pictures

Cena do filme *Amistad*.

A CHEGADA AO BRASIL

Os principais portos de desembarque de escravos africanos no Brasil eram o de Recife, do Rio de Janeiro, de São Luis e de Salvador. De Recife eles chegavam até Alagoas; do Rio eram levados para Minas e São Paulo, Espírito Santo, Rio Grande do Sul, Santa Catarina e Paraná; de São Luís do Maranhão atingiam o Grão-Pará; e, de Salvador, todo o Recôncavo Baiano.

Dos portos onde os navios desembarcavam, os negros eram levados para os armazéns. No estado do Rio de Janeiro, por exemplo, havia diversos armazéns localizados no Valongo, região portuária da cidade do Rio de Janeiro, e em Jurujuba, Niterói.

Museus Castro Maya/Rio de Janeiro

Johann Moritz Rugendas. *Mercado de escravos*, 1835.

Os escravos chegavam em péssimas condições de saúde: magros, com doenças de pele e sujos. Nos armazéns eles tomavam banho, tinham os dentes escovados, os cabelos raspados, em seus corpos eram aplicados óleos para esconder doenças e fazer a pele brilhar, e eram engordados para garantir um bom preço no momento de sua comercialização.

Para os compradores, o escravo era uma mercadoria, chamada "peça", e, como tal, era detalhadamente observado no momento da negociação: seus músculos eram apalpados, sua pele, seus dentes e cabelo examinados. E para ter certeza da boa condição física do escravo que estava levando, era comum o comprador obrigá-lo a caminhar, dançar, pular, falar e a tossir.

Os compradores preferiam adquirir escravos provenientes de diferentes regiões africanas, que falavam diferentes línguas e tinham hábitos e costumes diversos, sendo muitas vezes reunidos em uma mesma fazenda representantes de povos que viviam em conflito no continente africano. As famílias, em geral, eram separadas. Os senhores, sobretudo os donos de grandes plantéis de escravos, ou seja, grupos de escravos, acreditavam que dessa forma poderiam dificultar a criação de laços de solidariedade entre os negros e, consequentemente, diminuir sua capacidade de resistência à escravidão.

O preço dos escravos no Brasil variou bastante, em função de diversos fatores: o local, a época e as condições dos negros quando de sua comercialização. Nos momentos e nas regiões de maior demanda de mão de obra a tendência foi a valorização dos cativos. Com a crise da economia açucareira no nordeste na primeira metade do século XIX, muitos senhores de engenho da região passaram a vender seus escravos para as fazendas de cultivo de café que se expandiam no vale do Paraíba, onde a maior demanda por mão de obra elevava o preço dos escravos.

As condições dos cativos também interferiam em sua cotação no mercado. À medida que os escravos iam aprendendo a língua portuguesa e se ambientando na nova terra, a tendência era serem valorizados. Por outro lado, escravos doentes eram vendidos a preços baixos e alguns compradores os adquiriam para, depois de tratá-los, revendê-los a um valor muito maior, garantindo assim um lucro.

Os escravos eram identificados e registrados no Brasil por suas áreas geográficas de origem. Quando desembarcavam nos portos brasileiros recebiam um nome português e um sobrenome que fazia referência aos portos onde foram embarcados no continente africano. Traficantes e pessoas responsáveis pela elaboração dos registros alfandegários criaram uma terminologia própria, que vinculava elementos geográficos e afiliações étnicas, dentre essas Congo, Cabinda, Angola, Cassanje, Luanda, Quiçamã, Benguela, Moçambique, Mina.

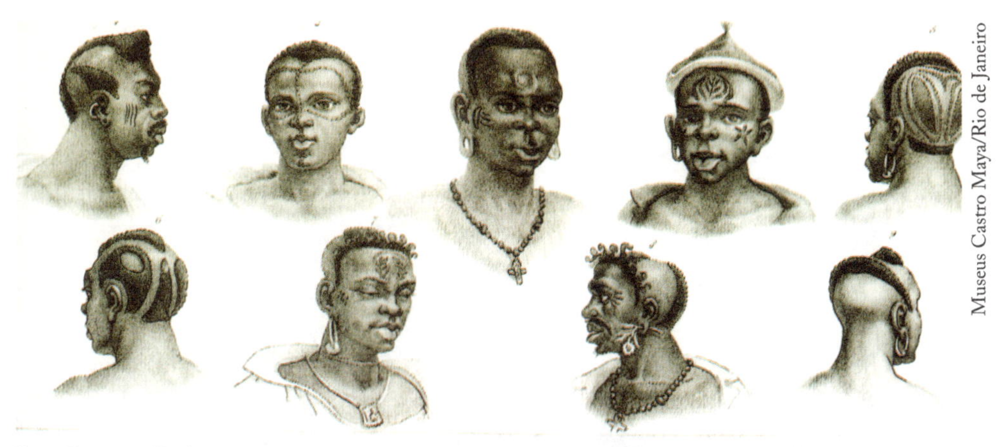
Museus Castro Maya/Rio de Janeiro

Jean-Baptiste Debret. *Escravos africanos de diferentes origens*. (Monjolo, Mina, Benguela, Calava e Moçambique). *Viagem pitoresca e histórica ao Brasil*, 1834-1839.

Além do local de origem, outros fatores marcavam as distinções entre os escravos no Brasil: o tempo de permanência no território, o tipo de atividades em que eram utilizados e, por fim, a cor da pele.

Os africanos recém-desembarcados, sem qualquer conhecimento da língua e dos costumes europeus, eram chamados de "boçais"; os que já haviam sofrido o processo de aculturação, falavam e compreendiam o português eram chamados de "ladinos"; os nascidos no Brasil eram chamados "crioulos".

O TRABALHO ESCRAVO

No que se refere à ocupação, a distinção básica era estabelecida entre *os escravos do eito, os escravos domésticos* e *os escravos de ganho.* Os primeiros eram aqueles utilizados diretamente nas atividades produtivas, seja na lavoura ou nas minas. Os escravos domésticos, em geral pardos e crioulos, desempenhavam todo tipo de serviço nas casas senhoriais, sendo responsáveis por cozinhar, lavar, limpar, servir, arrumar, cuidar das crianças e amamentá-las. Nos centros urbanos havia os escravos de ganho, que eram cativos alugados a terceiros, mediante uma quantia fixa, diária ou semanal, para a prestação dos mais variados serviços a serem exercidos nas ruas, tais como de vendedores ambulantes, de carregadores e o trabalho na prostituição.

Museus Castro Maya/Rio de Janeiro

Jean-Baptiste Debret. *Escravos de ganho no Rio de Janeiro. Viagem pitoresca e histórica ao Brasil,* 1834-1839.

O trabalho do escravo africano foi utilizado em diversas regiões do Brasil, do Rio Grande do Sul ao Pará e à Amazônia. Em Sergipe, o escravo trabalhou na criação de gado, na Bahia nas lavouras de fumo, na produção açucareira do litoral nordestino e do sudeste, nas drogas do sertão do Grão--Pará, nas produções de algodão e arroz no Maranhão, nas minas de ouro e de diamantes de Minas Gerais, Mato Grosso e Goiás e na produção cafeeira do vale do rio Paraíba do Sul. O escravo trabalhou também nas canoas, nos transportes de pessoas e de mercadorias, na produção de farinha, enfim, trabalhou tanto na zona rural como na zona urbana, onde foi intensamente utilizado na construção civil. Alguns desempenhavam trabalhos mais especializados, como os pedreiros, carpinteiros, ferreiros, tropeiros, cocheiros, limpadores de estrebarias, entre outros, sendo mais valorizados no mercado de cativos.

MISSA DOS QUILOMBOS

Com a força dos braços lavramos a terra,
cortamos a cana, amarga doçura
na mesa dos brancos.

Com a força dos braços cavamos a terra,
colhemos o ouro que hoje recobre
a igreja dos brancos.

Com a força dos braços plantamos na terra,
o negro café, perene alimento
do lucro dos brancos.

Com a força dos braços, o grito entre os dentes,
a alma em pedaços, erguemos impérios,
fizemos a América dos filhos dos brancos!

A brasa dos ferros lavrou-nos na pele,
lavrou-nos na alma, caminhos de cruz.
Recusa Olorum o grito, as correntes
e a voz do feitor, recebe o lamento,
acolhe a revolta dos negros, Senhor!

Milton Nascimento, Pedro Casaldáliga, Pedro Tierra.
Ofertório – Missa dos Quilombos, 1982.

O trabalho escravo foi responsável pela transformação da paisagem brasileira: casas, ruas e vilas, estradas e igrejas, pontes sobre os rios, estradas de ferro foram surgindo pelo território brasileiro. Cidades inteiras foram erguidas com a força do braço escravo negro.

As condições de vida e de trabalho dos escravos eram tão difíceis que eles não aguentavam por muito tempo; o tempo de vida útil, ou seja, de trabalho, de um escravo de eito era em média de dez a quinze anos. A expectativa de vida era muito pequena pois muitos morriam cedo em função do cansaço, das doenças e dos maus-tratos recebidos.

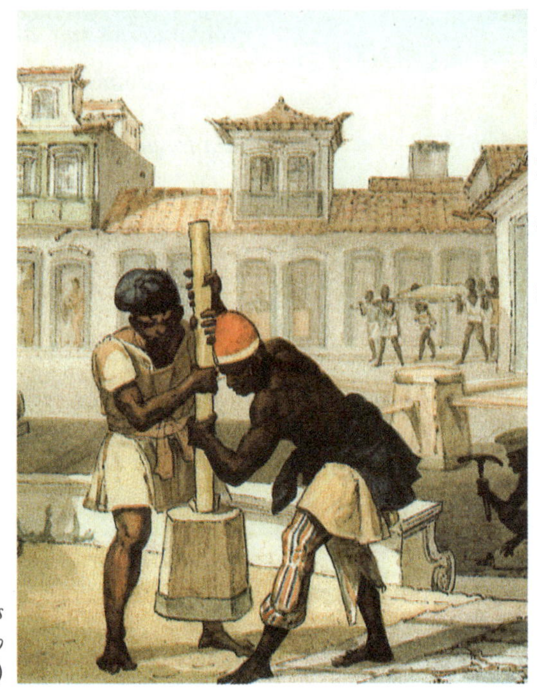

Museus Castro Maya/Rio de Janeiro

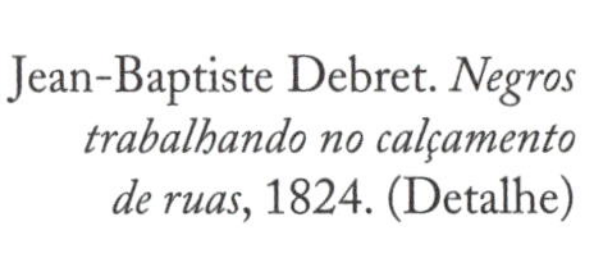

Jean-Baptiste Debret. *Negros trabalhando no calçamento de ruas*, 1824. (Detalhe)

Nas fazendas, alguns escravos dormiam na casa dos senhores – a casa grande – mas a maior parte dormia nas senzalas – construções com pouca ventilação e iluminação – para onde, depois de um longo dia de trabalho, e tendo sido contados pelo feitor, eram levados e trancafiados na hora de dormir para que não tentassem fugir durante a noite.

Charles Ribeyrolles, pesquisador francês que viajou pelo Brasil no século XIX percorrendo as fazendas do Vale do Rio Paraíba do Sul, descreveu suas impressões sobre a moradia dos escravos, as senzalas: "Os negros da fazenda, casados ou não, habitam compartimentos alinhados em filas [...] os quais, à noite, após a ceia, são fechados pelo feitor. Dormem debaixo de chave como presidiários. [...] Essas casas [...] de ordinário mal asseadas, infectas, desprovidas de mobiliário [...]" (Charles Ribeyrolles, *Brasil pitoresco*, 1858).

Renata Mello/Pulsar Imagens

Interior de senzala, Ouro Preto, MG.

A RESISTÊNCIA DOS ESCRAVOS

A história da resistência do negro ao sistema colonial-escravista começou junto com o tráfico de escravos. Durante todo o período da escravidão, os negros utilizaram diversas estratégias de resistência ao cativeiro, como fugas (individuais e coletivas), suicídios, assassinatos de feitores e de donos de escravos, preservação das tradições populares, rituais religiosos, ou até mesmo através da preservação de sua cultura oral, nas histórias contadas não apenas às crianças negras mas também aos filhos dos senhores por suas **mucamas**.

> **mucamas:** escravas que ajudavam na realização dos serviços domésticos, acompanhavam as senhoras e seus filhos, servindo algumas vezes como amas de leite.

Os escravos fugiam em busca da liberdade, se embrenhavam pelas matas e construíam acampamentos muito bem organizados e protegidos, os quilombos. Neles os negros criaram uma estrutura social, política e econômica própria, onde viviam em liberdade dentro de uma sociedade escravista. Muitas vezes reproduziam nestes locais o modo de vida e a organização das sociedades africanas, mantendo, em alguns casos, a figura do rei. Zumbi dos Palmares foi o mais importante rei dos escravos no Brasil. Além dele, Ganga Zumba, Manuel Congo, Mariana Crioula, o negro Isidoro, o negro Lúcio, e tantos outros fizeram a história da resistência à escravidão.

Coleção Sérgio Fardel, RJ

François Auguste Biard. *Fuga de escravos*, 1859.

Os quilombos eram geralmente formados a partir de revoltas e fugas coletivas de escravos, mas havia também quilombos formados a partir de fugas individuais. Existiram grandes e pequenos quilombos, permanentes e de pouca duração, uns localizados próximo dos centros urbanos e outros em lugares despovoados, no meio da mata.

Biblioteca Nacional, RJ

Johann Moritz Rugendas. *Quilombo*, 1835.

A população quilombola era bastante diversificada. Era formada não somente por escravos fugitivos, mas também por índios, soldados desertores, fugitivos da polícia e até mesmo por pessoas que se aventuravam a viver em outro tipo de sociedade que não aquela oficialmente constituída. De todo modo, o negro fugitivo era a população predominante nos quilombos.

Em todos os territórios do continente americano que receberam escravos africanos vamos encontrar esse tipo de resistência, que variava somente na denominação. No Brasil, até o século XVI, era conhecido como mocambo. A partir do século XVII passou a se chamar quilombo.

Maira Vilela/Futura Press

Parque Memorial Quilombo dos Palmares na Serra da Barriga, em Alagoas.
Reconstrução da Casa da Farinha do Quilombo, inspirada em referências históricas.

A palavra "quilombo" deriva da palavra *kilombo* e sua origem é ligada a Caçangi e Matambi, reinos africanos. *Kilombo* era uma sociedade de jovens guerreiros.
Na língua banto, quilombo quer dizer acampamento guerreiro na floresta, povoação, refúgio.

Durante muito tempo, o quilombo de Palmares apareceu nos livros didáticos como se somente os escravos que construíram aquele quilombo e ali viveram tivessem resistido à escravidão, ou pelo menos tivessem se utilizado dessa forma de resistência. Com o passar dos anos e o aprofundamento das buscas e investigações, pesquisadores foram descobrindo e valorizando diversos quilombos que se formaram ao longo do espaço brasileiro, ao estudá-los e identificá-los. Mas o quilombo de Palmares, por ter sido o maior e que mais tempo resistiu às investidas das forças de repressão, cerca de cem anos, teve maior visibilidade.

Na verdade, a formação de quilombos era uma prática frequente que se espalhou por todo o espaço nacional. Considerado um avanço na forma de resistência dos negros à escravidão, na medida em que, unidos, os quilombolas dispunham de maior força de oposição à dominação senhorial, os quilombos se constituíram como um elemento fundamental no desgaste permanente do sistema escravista. Os levantes que ocorreram no Brasil ao longo dos séculos de escravidão foram, em sua maioria, liderados por escravos africanos, os quilombolas, oriundos de diferentes regiões do continente africano. De um modo geral os quilombos do Brasil foram efêmeros, ou seja, tiveram curta duração porque, segundo o desejo do poder econômico e político da época, não deveriam sequer ter existido, tendo sido fortemente reprimidos pelas forças senhoriais. A figura do capitão do mato foi criada para capturar os escravos fugitivos nas matas.

Mario de Andrade

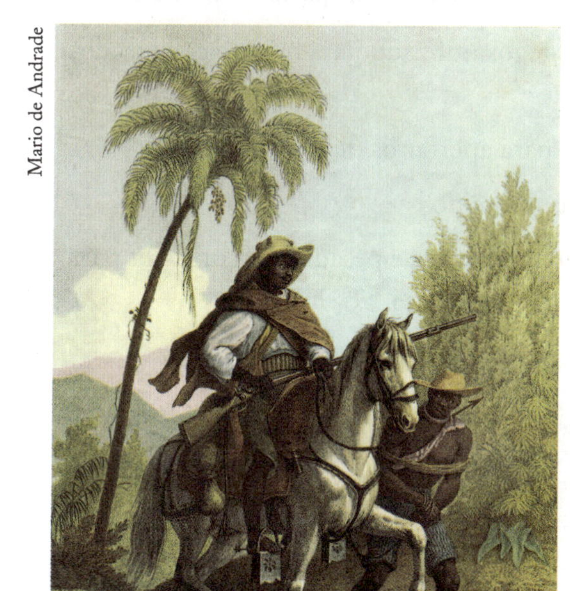

Johann Moritz Rugendas. *Capitão do mato*, 1823.

Quando os escravos eram capturados, seja pelo capitão do mato, seja pela força de repressão constituída em algumas províncias do Brasil para desbaratar os quilombos, sofriam uma série de castigos e os líderes dos quilombos eram mortos, para servir de exemplo. Qualquer falta cometida pelos escravos, desde as mais modestas, como a simples lentidão nas tarefas diárias, até as mais graves, como as fugas, era motivo para sofrerem represálias. Os negros resistiram das mais diversas formas à escravidão e eram severa e cruelmente punidos quando descobertos.

ALGUMAS FORMAS DE VIOLÊNCIA UTILIZADAS CONTRA OS ESCRAVOS	
Gargalheira	Colar de ferro com vários ganchos para impedir que os escravos fugissem com facilidade.
Máscaras de flandres	Uma máscara feita de zinco ou de folha de flandres que era colocada no rosto do escravo para impedir que ele comesse terra.
Palmatórias	Pedaço de pau com pregos utilizado para bater nas mãos dos negros.
Anjinhos	Anéis feitos de ferro para apertar os dedos dos negros.
Bacalhau	Chicote de couro cru retorcido.
Tronco	Duas tábuas, em madeira maciça e pesada, com orifícios para prender as mãos, os pés e a cabeça.

Jean-Baptiste Debret. *Negros no tronco*, 1826.

REBELIÕES DE ESCRAVOS

- Rebeliões baianas – fins do séc. XVIII – 1835
- Rebelião dos Malês – 1835
- A revolta de Manuel Congo – 1838
- Revolta de 1847: os Tates – Corongos

REVOLTA DOS MALÊS

Revolta ocorrida em Salvador, em 1835, em que a população negra e parda, livre e escravizada, da cidade tentou acabar com a dominação branca na região. As péssimas condições de vida da população, agravadas por fortes secas nas décadas de 20 e 30, levaram à organização do movimento que contou com a participação dos escravos Malês, nome dado aos negros de diversas etnias que eram seguidores do islamismo. Após confrontos com as forças policiais, os rebeldes foram derrotados e a revolta reprimida. Muitos revoltosos foram mortos, feridos, condenados ao açoite, à prisão ou foram deportados.

Nelson Aguillar (org.). *Mostra do redescobrimento: negro de corpo e alma*. São Paulo, Fundação Bienal de São Paulo, 2000.

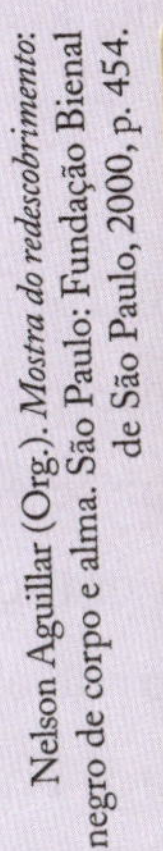

Livrinho encontrado preso ao pescoço de um negro morto durante a insurreição dos Malês na Bahia, em 1835.

A ABOLIÇÃO

O século XIX foi marcado pelo fortalecimento das ideias abolicionistas, tanto no Brasil quanto na Europa. Externamente, a Inglaterra, maior aliada e parceira comercial do país desde a Independência, passou a pressionar o governo imperial brasileiro para substituir o uso da mão de obra escrava pela livre. Internamente, sobretudo a partir da década de 1870, a expansão das ideias republicanas e a divulgação das ideias abolicionistas entre as camadas médias, os profissionais liberais e os cafeicultores paulistas fortaleceram a luta pela abolição da escravidão.

O governo imperial de D. Pedro II buscou, ao longo da segunda metade do século XIX, equilibrar e conciliar os diferentes interesses de seus aliados externos, em particular da Inglaterra, interessada no fim da escravidão, e de seus aliados internos, sobretudo os barões do café da região do Vale do Paraíba, que mantinham sua produção baseada na mão de obra escrava negra. Assim, a substituição do uso do trabalho escravo pelo livre no Brasil deu-se de forma gradual, através de uma série de leis abolicionistas que, ao mesmo tempo em que apontavam para o fim da escravidão, adiavam uma solução definitiva para o problema.

Por pressão da Inglaterra, que havia abolido o tráfico em 1807, e que exigiu o fim do tráfico de escravos no Brasil em troca do reconhecimento de sua independência, em 1827, o Brasil assinou um acordo em que se comprometeu a extinguir o comércio de escravos a partir de 1830. Na prática o governo brasileiro, para não desagradar aos fazendeiros e traficantes de escravos, donos de grandes fortunas do Império, pouco fiscalizava os portos brasileiros para impedir o desembarque dos navios de tráfico. O fim do tráfico de escravos no Brasil aconteceu vinte anos depois do que foi acordado entre Brasil e Inglaterra, quando, em 1850, a lei Euzébio de Queiroz declarava extinto oficialmente o comércio de escravos entre a África e o Brasil.

Arquivos Nacionais Britânicos, Serviço de Arquivos Públicos, Londres.

Essa imagem é um dos primeiros registros de africanos sendo resgatados de um navio de tráfico de escravos pela Marinha Real Britânica.

Mesmo sendo proibido, o tráfico de escravos se manteve por alguns anos, mas em muito menor escala e de forma clandestina. Com a proibição do tráfico, o preço do escravo aumentou e alguns fazendeiros passaram a investir na criação de escravos. Em Marambaia, na cidade do Rio de Janeiro e em Valença, no estado do Rio de Janeiro, havia fazendas que criavam escravos.

Diante da dificuldade de aquisição de negros oriundos da África, tornou-se urgente a busca de alternativas para suprir a necessidade de reposição permanente de mão de obra para o trabalho nas lavouras de café em expansão na região Sudeste.

Uma alternativa encontrada foi o estabelecimento do tráfico interprovincial. Os senhores de engenho do Nordeste, em crise devido à decadência da produção açucareira, passaram a vender seus escravos para as fazendas da região cafeeira do Vale do Rio Paraíba do Sul.

No entanto, essa alternativa não era suficiente. Fazia-se necessária a busca de soluções definitivas para o problema da mão de obra no país. A opção seria o incentivo à imigração europeia. A vinda do imigrante europeu para o Brasil, a partir da segunda metade do século XIX, atendia por um lado aos interesses dos países europeus, sobretudo da Itália e Alemanha, que viviam um processo de modernização e mecanização do campo com a expulsão dos camponeses de suas terras, e, portanto, dispunham de grandes reservas de mão de obra. Por outro lado, internamente a imigração europeia interessava àqueles que defendiam um branqueamento da população brasileira por considerarem que um dos fatores do atraso do Brasil seria o caráter mestiço de nosso povo. Essa concepção se baseava em diversas teorias que acreditavam numa ideia de que existia uma "raça pura", e que qualquer mistura entre "raças" seria degradante, e, portanto, prejudicial para a nação. Estas teorias foram conhecidas como eugenismo.

Era fundamental garantir a reposição constante de mão de obra para as lavouras de café em expansão na região Sudeste, sobretudo no Oeste Paulista. Assim, no mesmo ano em que era extinto o tráfico de escravos, em 1850, foi promulgada a Lei de Terras, que regulamentava a compra e venda de terra no país. Dentre outras regras, a lei de terras estabeleceu que os estrangeiros só poderiam adquirir terras após dois anos de permanência no país, dificultando assim o acesso à propriedade aos imigrantes que aqui chegavam. Estes se viam obrigados a trabalhar nas fazendas de café, em um primeiro momento no **sistema de parceria** e, posteriormente, a partir da década de 70, através da **imigração subvencionada**, no sistema de colonato.

sistema de parceria: sistema em que o fazendeiro financia a vinda do imigrante europeu e este recebe um pedaço de terra para cultivar e deve repartir com o fazendeiro o dinheiro da venda do café. Os imigrantes acabavam tornando-se escravos por dívida já que eram obrigados a descontar de sua parte do lucro as despesas com a vinda para o Brasil e com sua estada na fazenda.
imigração subvencionada: o governo paulista passa a financiar a vinda dos imigrantes europeus para as fazendas de café e estes passam a trabalhar no regime de colonato. Neste regime os imigrantes recebem uma quantia fixa por pé de café plantado e uma parte dos lucros alcançados com a venda do café, além de terem o direito de cultivar alimentos para sua subsistência.

Nas últimas décadas do século XIX o movimento abolicionista ganhou mais força com a promulgação de novas leis que foram gradualmente garantindo a liberdade a alguns escravos.

Em 1871 é assinada a **lei do Ventre Livre,** que determinava que toda criança, filha de escravo, nascida depois dessa lei, seria considerada livre, mas que o dono de seus pais teria obrigação de criá-la até a idade de 8 anos. Quando ela completasse essa idade, ele poderia decidir se a entregaria ao Estado, e aí então receberia uma indenização por ela, ou se ficaria utilizando os serviços dela até os 21 anos.

Em 1884 o Ceará torna-se a primeira província brasileira a abolir a escravidão.

Em 1885 é assinada a **lei do Sexagenário**, que libertava os escravos que completavam 65 anos.

Em 1888 a **lei Áurea** é assinada pela princesa Isabel, abolindo o trabalho escravo no Brasil.

A abolição da escravatura no Brasil trouxe não apenas a mudança do sistema de trabalho – do escravo para o livre – mas também, e ao mesmo tempo, a substituição do próprio trabalhador: o escravo negro foi substituído pelo trabalhador livre europeu.

Quando foi assinada a lei Áurea, que aboliu a escravidão no Brasil, a população até então escrava foi para as ruas comemorar a conquista da sua liberdade. Mas os escravos não participaram sozinhos dessa festa, assim como não lutaram sozinhos pelo fim da escravidão no Brasil. Muitas outras pessoas – brancos, pardos, negros, ex-escravos, livres filhos de escravos, alforriados, trabalhadores braçais e intelectuais – enfim, um número considerável de brasileiros contribuíram para o treze de maio acontecer.

Após o fim da escravidão no Brasil, muitas comunidades negras que viviam em quilombos permaneceram nas terras, mantendo suas tradições culturais. Outras foram expulsas e forçadas a migrar para outras terras ou para as cidades. Ainda hoje, passados mais de cem anos da abolição, os descendentes dos quilombolas lutam pelo título de propriedade das terras, direito que lhes foi garantido pelo artigo 68 do Ato das Disposições Constitucionais Transitórias da Constituição de 1988: "Aos remanescentes das comunidades dos quilombos que estejam ocupando suas terras é reconhecida a propriedade definitiva, devendo o Estado emitir-lhes os títulos respectivos". Alguns avanços neste sentido têm sido feitos, e comunidades quilombolas têm, nos últimos anos, garantido a posse de suas terras, apesar da resistência de setores mais conservadores da sociedade brasileira.

ABOLICIONISTAS BRASILEIROS

Luiz Gama

Coleção particular

Luiz Gonzaga Pinto da Gama nasceu no dia 21 de julho de 1830, no estado da Bahia. Filho da negra livre Luiza Mahin, revolucionária que participou da Revolta dos Malês (Bahia – 1835) e da Sabinada (Bahia – 1837), e de um fidalgo português, aos dez anos de idade foi vendido como escravo por seu pai a um traficante de escravos como pagamento de uma dívida de jogo. Alfabetizado ainda jovem, fugiu do cativeiro aos dezoito anos e foi viver em São Paulo, onde fundou, juntamente com Rui Barbosa, o jornal *Radical Paulistano*. Um dos fundadores do Partido Republicano Paulista, líder da Mocidade Abolicionista e Republicana, defendeu publicamente em diversos jornais o fim da escravidão, financiou alforrias e contribuiu para a libertação legal de mais de quinhentos escravos foragidos.

Castro Alves

AE

Antônio Frederico de Castro Alves nasceu em 14 de março de 1847, na vila de Nossa Senhora da Conceição de "Curralinho", cidade que hoje recebe o seu nome. Filho do médico Antônio José Alves, mais tarde professor na Faculdade de Medicina de Salvador, e de Clélia Brasília da Silva Castro. Conhecido como "Poeta dos Escravos", lutou pela abolição da escravatura e pela proclamação da República. Escreveu versos denunciando as péssimas condições em que viviam os negros no Brasil, sendo sua obra mais conhecida o poema *O navio negreiro*. Faleceu aos 24 anos, em 1871, sem concluir sua obra *Os escravos*, uma série de poemas em torno do tema da escravidão.

André Rebouças

Museu Paulista, SP

André Pinto Rebouças nasceu na cidade de Cachoeira, na Bahia, em 1838, e mudou-se para o Rio de Janeiro em 1842, quando seu pai, o advogado Antônio Pereira Rebouças, foi eleito deputado. Formou-se em engenharia pela Escola Central, especializou-se em fundação e obras portuárias, tendo participado da construção de diversos portos no Brasil. Além disso, trabalhou em projetos de obras ferroviárias e de abastecimento de água.

Foi um dos mais ativos defensores da causa abolicionista, fundando, junto com Joaquim Nabuco, o Centro Abolicionista da Escola Politécnica, onde era professor. Atuou como jornalista escrevendo diversos artigos em que combatia a escravidão. Monarquista, amigo da família imperial brasileira, deixou o país após a proclamação da República e viveu durante seis anos no continente africano. Faleceu em 1898, na Ilha da Madeira, Portugal.

Chiquinha Gonzaga

AE

Francisca Edwiges Neves Gonzaga nasceu no Rio de Janeiro em 17 de outubro de 1847. Filha do militar José Basileu Neves Gonzaga e da mestiça Rosa Maria de Lima. Compositora e musicista, revolucionou os costumes da época frequentando a vida boêmia da cidade, em um tempo em que a vida das mulheres estava restrita ao espaço doméstico. Trouxe importantes inovações na música popular de sua época, compôs a marcha “Ô Abre Alas”, considerada a primeira música de carnaval. Defensora da proclamação da República e da abolição, lutou pela libertação dos escravos financiando a compra de alforrias com o dinheiro arrecadado por meio da venda de suas partituras. Morreu no Rio de Janeiro em 1935.

Dragão do Mar

Portal do Planalto

Francisco José do Nascimento nasceu em 15 de abril de 1839, em Canoa Quebrada, Ceará. Filho de pescadores, trabalhou desde cedo no porto de Fortaleza, tendo chegado a prático-mór. Membro da Sociedade Cearense Libertadora, recebeu o apelido de "Dragão do Mar" por ter liderado o movimento que, em 1880, impediu o embarque de escravos vendidos por fazendeiros do Ceará aos barões do café da região Sudeste, que garantiria o tráfico interprovincial de cativos após a promulgação da lei que proibia o tráfico de escravos transatlântico. Esse movimento alcançou tal proporção que fortaleceu a luta abolicionista no estado e contribuiu para que a escravidão fosse oficialmente extinta no Ceará em 1884, quatro anos antes da assinatura da lei Áurea. O Dragão do Mar faleceu em 1914 em Fortaleza, sendo reconhecido como um dos grandes heróis da causa abolicionista no país.

José do Patrocínio

AE

José Carlos do Patrocínio nasceu na cidade de Campos dos Goytacazes, no Rio de Janeiro, em 8 de outubro de 1854, filho do padre José Carlos Monteiro e de uma negra alforriada. Farmacêutico de formação, atuou como jornalista e foi um dos fundadores da Academia Brasileira de Letras.

Participou intensamente da campanha abolicionista publicando artigos em jornais e proferindo conferências públicas em que fazia críticas à política escravocrata do governo imperial, organizou núcleos abolicionistas e ajudou na fuga de muitos escravos. Faleceu no Rio de Janeiro, em 30 de janeiro de 1905.

Joaquim Nabuco

Museu Histórico Nacional, RJ

Joaquim Aurélio Barreto Nabuco de Araújo nasceu em Recife em 19 de agosto de 1849. Filho do jurista e político baiano, senador do império José Tomás Nabuco de Araújo Filho, e de Ana Benigna de Sá Barreto Nabuco de Araújo, foi diplomata, escritor e teve importante atuação política nas últimas décadas do império. Apesar de ter sido educado em uma família escravocrata, lutou intensamente pelo fim da escravidão, seja como deputado federal ou como escritor. Fundador da Sociedade Antiescravidão Brasileira, conciliava suas ideias abolicionistas com a defesa da monarquia, tendo se retirado temporariamente da vida pública quando da proclamação da República. Faleceu em Washington em 1910.

Cruz e Sousa

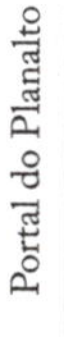

João da Cruz e Sousa nasceu em 24 de novembro de 1861 em Desterro, hoje Florianópolis, Santa Catarina. Filho de Guilherme da Cruz, mestre pedreiro, e Carolina Eva da Conceição, lavadeira, ambos ex-escravos, herdou o sobrenome Souza do marechal Guilherme Xavier de Sousa, antigo senhor de seus pais. Poeta fundador do Simbolismo brasileiro, suas obras mais conhecidas são *Missal* e *Broqueis*. Participou da criação do jornal *Colombo*, em 1881. Vítima de preconceito racial ao ser impedido de assumir o cargo de promotor público para o qual foi nomeado, viajou pelo Brasil defendendo a causa abolicionista. Faleceu em 19 de março de 1898 aos 37 anos na cidade mineira de Sítio, vítima de tuberculose.

CAPÍTULO 5 – A MATRIZ AFRICANA

ÁFRICA

Pode pá é outra face a música é nossa
No reggae no rock no rap no pop a música é nossa
Não foi só eu gato preto toda África sonhou
Mu ma bujamaul liberdade meu senhor.

Nos hits da Angola nos tribais de Portugal
Na dança do ventre rock em portunhol
Tudo importado lá da África do Sul
Contrabandeado sem a marca dos zulus

Faz dançar sensual a mais linda do planeta
De São Paulo a Moçambique no balanço de uma preta
Imperatriz, gaviões o que importa é os aviões.
Que leva e traz de lá pra cá ilusões.

[...]

África mundial musical mais lindo
África na voz brasileira de um menino
África pai e mãe de todos os guetos
Música na expressa contra o preconceito

Outra Face. África, 2006.
Disponível em: <http://www.radio.uol.com.br/#/letras-e-musicas/outra-face/africa/1177441>. Acesso em: set. 2012.

> Os cerca de 12 milhões de escravos que os colonizadores levaram para as Américas contribuíram para globalizar aquilo que África tinha de mais precioso: a música e a dança. A herança que nos deixaram vai do jazz ao fado, passando pelo rock, pelo reggae ou pelo samba.
>
> Manuel Giraldes. "Sons africanos - O legado dos escravos". *Além Mar*, jul. 2003. Disponível em: <http://www.alem-mar.org/cgi-bin/quickregister/scripts/redirect.cgi?redirect=EEFlkZlAFpL1VePumX>. Acesso em: set. 2012.

O Brasil é extremamente rico culturalmente. Formado da miscigenação de brancos, índios e negros, o país apresenta uma diversidade extraordinária de festas, crenças e expressões artísticas. As manifestações culturais afro-brasileiras, surgidas desde os tempos coloniais, sejam religiosas, musicais, de dança ou capoeira, entre outras, assumiram desde a sua origem uma característica de resistência social. Os negros, vivendo no Brasil na condição de escravos, resistiram cotidianamente à dominação europeia e garantiram sua sobrevivência e de sua cultura através da manutenção e adaptação de hábitos e costumes trazidos do continente africano. No Brasil, o escravo africano ressignificou suas práticas socioculturais trazidas da África, ou seja, atribuiu-lhes significados diferentes dos originais, e construiu uma identidade própria, única, tipicamente brasileira, seja por meio da capoeira, das festas, da música e da dança, de novas religiões e crenças ou da culinária.

> [...] "Quem passou a participar da formação brasileira não foi puramente o negro da África, mas o negro escravo". A descaracterização começa nos embarques nos portos africanos, na divisão dos grupos ou tribos, agravando-se mais com o desembarque no Brasil, quando famílias inteiras eram vendidas separadamente em atendimento ao pedido dos compradores, que procuravam, com isso, evitar o fortalecimento da rebelião em grupo. Com a convivência diária, os negros de regiões diferentes **assimilavam** certos elementos culturais e perdiam outros, sem se considerar a colaboração do branco em forçá-los a assimilar novos

hábitos, deturpando sua cultura. Dessa mistura de costumes, surge o **sincretismo** e outros processos de vida. Por essa e outras razões o brasileiro foi tolhido de adquirir uma cultura genuinamente africana.

Manuel Diégues Júnior. *Etnias e culturas do Brasil.* São Paulo: Círculo do Livro, s/d [1956].

assimilar: processo de incorporação de ideias, costumes e valores de um indivíduo ou grupo por outro, tornando-os semelhantes.
sincretismo: fusão de elementos culturais diferentes em um só elemento.

NOS RITMOS E NAS DANÇAS

Capoeira

Uma das principais manifestações culturais brasileiras que têm sua origem ligada à presença negra no Brasil é a capoeira, praticada inicialmente nas regiões portuárias do Rio de Janeiro, da Bahia, de Pernambuco e de São Luís do Maranhão. Forma de resistência dos negros à escravidão, a capoeira é um fenômeno tipicamente urbano que marcou a cultura popular das principais cidades brasileiras nos séculos XVIII e XIX, embora alguns autores insistam em ressaltar a sua prática nas senzalas das fazendas, ou mesmo atribuir sua origem à fuga dos negros dos engenhos de açúcar e à formação dos quilombos. A palavra "capoeira" tem origem no termo tupi *kopwera*, que significa terreno descampado, como as áreas em que a capoeira era praticada.

Praticada inicialmente por homens negros e pardos, **escravos forros** ou livres, de camadas sociais mais baixas, a capoeira foi duramente reprimida pelas forças policiais ao longo de todo o século XIX e nas primeiras décadas do século XX, sobretudo na cidade do Rio de Janeiro, sede da Corte Imperial e posteriormente primeira capital da República.

Há duas escolas ou estilos de capoeira: o estilo Angola, mais tradicional e de origem africana, seria uma variação da dança ritual chamada *n'golo*, praticada pelo povo Mucope, originário do sul da África, em território pertencente hoje a Angola. Nesse estilo, os oponentes se enfrentam com golpes de pés usando o apoio das mãos, cercados por observadores que formam uma roda. Esse estilo caracteriza-se pela maior valorização do gingado do corpo e por uma sequência de passos de chão. O outro estilo é o Regional, criado no Brasil e fortemente difundido por mestre Bimba. Esse estilo valoriza os movimentos acrobáticos e os grandes saltos. Nos dois casos o ritmo do combate/jogo é marcado ao som de palmas e de instrumentos musicais como o pandeiro, atabaque, caxixi, agogô e o principal deles, o berimbau.

escravo forro: escravo que recebeu a carta de alforria, tornando-se livre.

Museus Castro Maya/Rio de Janeiro

Johann Moritz Rugendas. *Jogar capüera ou danse de la guerre*, 1835.

Capoeira é registrada como patrimônio imaterial brasileiro
África 21 - Da Redação - 16/07/2008

Arte que se confunde com esporte, mas que já foi considerada luta, a capoeira foi reconhecida como patrimônio imaterial da cultura brasileira

Brasília – Expressão brasileira surgida nos guetos negros há mais de um século como forma de protesto às injustiças sociais, arte que se confunde com esporte, mas que já foi considerada luta, a capoeira foi reconhecida como patrimônio imaterial da cultura brasileira. A decisão do Instituto do Patrimônio Histórico e Artístico Nacional (Iphan) foi concretizada terça-feira (15) no Palácio Rio Branco, em Salvador (BA).

Para comemorar o resultado, que é definido pelos 22 membros do Conselho Consultivo do Iphan, foi inaugurada, no mesmo local, a exposição "Rodas de Capoeira", com pinturas, esculturas em barro, instrumentos musicais, xilogravuras e folhetos de cordel que retratam o universo da arte que agora é patrimônio.

O ministro da Cultura, Gilberto Gil, já havia declarado, em reunião da Organização das Nações Unidas (ONU) que homenageava o embaixador Sérgio Vieira de Mello – morto durante atentado terrorista na Guerra do Iraque -, que a capoeira do Brasil "poderia ser vista como instrumento da construção da paz mundial" e levou uma roda de capoeira para se apresentar aos líderes.

Desde então, as ações do ministério voltadas à valorização da capoeira – como a criação do programa Capoeira Viva – começaram a se voltar para o reconhecimento da expressão como patrimônio, segundo a diretora de Patrimônio Imaterial do Iphan, Márcia Sant'anna.

"O começo do processo de registro já começou no âmbito dessas ações de apoio. Foi um projeto iniciado pelo ministério e do Iphan, mas contou com a participação de estudiosos e pesquisadores de três estados do Brasil: do Rio de Janeiro, da Bahia e de Pernambuco", conta a diretora.

Ela acrescenta que o registro é de significado simbólico. "Ocorre um aumento muito grande da autoestima dessas pessoas. Embora a capoeira esteja disseminada em todo o mundo, alguns mestres da tradição oral nunca tiveram, pelo menos até recentemente, nenhum programa de valorização do seu saber", aponta.

A capoeira é a 14ª expressão artística do país registrada como patrimônio imaterial. A diferença desse registro para o tombamento como patrimônio material – caso de edifícios históricos – é que "o registro volta-se a ações de apoio às condições sociais, materiais, ambientais e de transmissão que permitem que esse tipo de bem cultural continue existindo", de acordo com Sant'anna. As informações são da ABr.

África 21 Digital, 16 jul. 2008. Disponível em: <www.cultura.gov.br/site/2008/07/16/capoeira-e-registrada-como-patrimonio-imaterial-brasileiro>. Acesso em: set. 2012.

A partir da década de 1930 a capoeira passou a ser percebida como uma manifestação cultural genuinamente brasileira, a ser valorizada e preservada como parte da identidade nacional. Aos poucos foi ampliando sua popularidade e hoje as rodas de capoeira reúnem homens, mulheres e crianças, pessoas de todas as classes sociais, tendo se tornado uma referência importante da cultura brasileira inclusive no exterior.

Musicalidade

Museus Castro Maya/Rio de Janeiro

Jean-Baptiste Debret. *Negro trovador*, 1826.

Além das rodas de capoeira, os negros africanos contribuíram decisivamente para a formação cultural brasileira introduzindo novos ritmos, danças e instrumentos musicais. O uso de tambores e a grande diversidade de instrumentos de percussão que caracterizam a produção musical do continente africano foram trazidos para o Brasil e aqui se misturaram com as tradições europeias e indígenas para dar origem à música brasileira. Dentre os instrumentos musicais de percussão de origem africana, muito utilizados em rituais religiosos de umbanda e candomblé ou por grupos de samba e de *reggae*, destacam-se: o afoxé, instrumento formado por uma cabaça redonda coberta por uma rede de contas; o agogô, composto de duas a quatro campânulas de tamanhos diferentes, ligadas entre si pelos vértices; o gonguê, instrumento formado por uma única campânula de ferro grosso; a maraca, constituída por uma cabaça com cabo, contendo no seu interior sementes secas, grãos, arroz ou areia grossa; o reco-reco, feito de madeira ou bambu com ranhuras transversais que são friccionadas por uma vareta para se produzir o som; e a cuíca, espécie de tambor com uma haste de madeira presa no centro da membrana de couro, pelo lado interno.

Bruno De Hogues/Getty Images

Grupo de africanos tocando tambor em cerimônia, República de Burundi.

Os tambores merecem um destaque ainda maior por serem os principais instrumentos musicais africanos. Dos mais variados tamanhos e formatos, são utilizados em festas e rituais religiosos nos cultos afro-brasileiros, além de terem sido amplamente incorporados na produção de ritmos brasileiros como o samba e o axé. O atabaque, tambor feito de madeira e aros de ferro que prendem o couro, é considerado um objeto sagrado nos **terreiros de candomblé**. Caxambu é um grande tambor utilizado nas apresentações do jongo. Sua origem está associada ao **povo mbundo**, que o utilizava para a transmissão de mensagens a longa distância, em função da altura de seu som.

terreiros de candomblé: locais de rituais religiosos de culto dos Orixás, divindades de origem africana.
mbundo: povo guerreiro que vivia nos reinos do Dondo, Matamba e nos estados da Kissama, Sudoeste da África, em territórios onde florescia a agricultura e o comércio e que pertencem hoje a Angola. A língua falada pelos mbundo é o kimbundo, que teve muita influência no português do Brasil.

Danças

Não apenas na música, mas também na dança, os africanos trouxeram importantes contribuições para a formação da cultura brasileira. Antes de mais nada, devemos destacar o sentido da dança para muitos povos africanos. Diferentemente da cultura ocidental europeia, em que a dança é percebida como algo separado da música, muitas vezes decorrente dela, mas sempre externo a ela, muitos povos africanos consideram a dança como parte integrante da música.

Diversos gêneros musicais populares no Brasil apresentam uma forte relação entre o movimento corporal, a dança, e os sons e ritmos, dentre eles o lundu, o jongo, o frevo e o samba. Muitas danças afro-brasileiras, chamadas genericamente sambas de umbigada, tais como o lundu, o jongo, a dança do coco e o tambor de crioula, apresentam elementos em comum, trazidos pelos povos da África central e meridional, dentre os quais destacam-se: o uso de tambores, o uso do vocal com frases curtas cantadas por um solista e repetidas ou respondidas em coro – *pontos* - e o passo da umbigada, em que dois dançarinos, em geral no meio de uma roda, aproximam o ventre.

O jongo, também conhecido como caxambu, é uma dança de roda e um gênero musical, originário das comunidades escravas nas áreas rurais, sobretudo na região cafeeira do Vale do Paraíba. O uso de versos curtos - os pontos - iniciados por um dos participantes e respondidos em coro, desempenhava funções diversas, podendo os pontos serem entoados para animar a dança, para louvar entidades espirituais ou para encerrar o jongo.

Biblioteca Nacional da Austrália

Augusto Earle. *Negros dançando fandango (jongo) no Campo de Santana, Rio de Janeiro*, 1822.

Os pontos de jongo têm como elemento típico o uso de metáforas e de expressões para tratar de temas do cotidiano dos escravos, além do lançamento de desafios para serem decifrados pelos jongueiros da roda. Atualmente a tradição do jongo é mantida por comunidades descendentes de quilombolas (habitantes de quilombos) no interior do estado do Rio de Janeiro e na comunidade da Serrinha, em Madureira, bairro da zona norte carioca.

Saravá jongueiro velho

Que veio pra ensinar

Que Deus dê proteção

Pro jongueiro novo

Pro jongo não se acabar

Ponto de jongo cantado em Tamandaré, estado de São Paulo, de autoria de Jefinho. Disponível em: <http://portal.iphan.gov.br/baixaFcdAnexo.do;jsessionid=810F986370D32E93ACDACD9EFD272E34?id=548>. Acesso em: set. 2012.

O tambor de crioula, dança trazida pelos escravos que desembarcaram no Maranhão nos séculos XVIII e XIX, tornou-se uma das principais manifestações culturais populares da região, reunindo ainda hoje muitos praticantes, sobretudo entre a população negra, não apenas na capital, São Luís, mas em todo o interior do estado. Reunidos em torno de uma grande roda, os homens tocam tambores e puxam cânticos em homenagem a santos católicos ou entidades cultuadas nos terreiros, enquanto as mulheres dançam rodopiando e fazendo o tradicional passo da umbigada – chamada de punga – no centro da roda.

Marco Antônio Sá/Pulsar Imagens

Grupo Jongo de Piquete - dança de roda de origem africana com acompanhamento de tambores e solista, Piquete, São Paulo.

BRASIL

IPHAN INSTITUTO DO PATRIMÔNIO HISTÓRICO E ARTÍSTICO NACIONAL

Inicio Contato Mapa Intranet

O IPHAN | PATRIMÔNIO CULTURAL | GESTÃO | COLETÂNEA VIRTUAL | AGENDA DO PATRIMÔNIO CULTURAL | EDITAIS

Principal » Notícias » Tambor de Crioula é Patrimônio do Brasil

buscar - A+

Tambor de Crioula é Patrimônio do Brasil

19/06/2007

Delfim Martins/Pulsar Imagens

Um cortejo com mais de três mil pessoas marcou as comemorações na noite de ontem (18 de junho), em São Luís, do registro do Tambor de Crioula no Livro das Formas de Expressão do Patrimônio Cultural Imaterial Brasileiro. Praticada no Maranhão desde a época da escravidão, é o décimo primeiro bem cultural de natureza imaterial inscrito em um dos quatro Livros de Registro do Programa Nacional do Patrimônio Imaterial. Já haviam sido registrados: Ofício das Paneleiras de Goiabeiras (ES), Arte Kusiwa dos Wajãpi (AP), Círio de Nazaré (PA), Samba de Roda no Recôncavo Baiano (BA), Viola de Cocho (MT/MS), Ofício das Baianas de Acarajé (BA), Jongo no Sudeste (RJ), Cachoeira de Iauaretê (AM), Feira de Caruaru (PE) e Frevo (PE).

Depois da reunião do Conselho Consultivo do Patrimônio Cultural, do Instituto do Patrimônio Histórico e Artístico Nacional (Iphan) – que se estendeu por toda tarde no terreiro mais antigo da capital maranhense, a Casa das Minas – o ministro da Cultura, Gilberto Gil, anunciou o registro para os milhares de brincantes que tomaram as ruas do centro de São Luís com seus tambores e coreiras.

Acompanhado do presidente do Iphan, Luiz Fernando de Almeida, do governador do Maranhão, Jackson Lago, da prefeita em exercício, Sandra Torres, dos representantes do Conselho Consultivo do Patrimônio Cultural e dos brincantes, o ministro Gil seguiu a procissão que levou o padroeiro da manifestação, São Benedito – santo protetor dos negros -, de volta à sua capela, no centro da cidade. Em seguida, participou da solenidade de celebração do registro, na Casa do Tambor de Crioula.

[...]

Tambor de Crioula

Envolvendo dança circular, canto e percussão, o Tambor de Crioula tem sua origem ligada à resistência cultural dos negros e de seus descendentes. Seu reconhecimento veio se constituindo aos poucos.

No dia 6 de setembro, celebra-se a data dessa que é uma das mais belas manifestações culturais do Maranhão e que, desde o ano passado, passou a contar com o seu memorial, a Casa do Tambor de Crioula, instalada em uma antiga fábrica no centro de São Luís.

Atualmente, no Maranhão, vem sendo apropriado por grupos distintos e praticado por pessoas da classe média, estudantes, artistas e intelectuais. Existem mais de sessenta grupos de Tambor de Crioula catalogados no estado.

Instituto do Patrimônio Histórico e Artístico Nacional (Iphan), Programa Monumenta do Ministério da Cultura, 19 jun. 2007. Disponível em: <portal.iphan.gov.br/portal/montarDetalheConteudo.do?id=13613&sigla=Noticia&retorno=detalheNoticia>. Acesso em: set. 2012.

Assim como o jongo e o tambor de crioula, o coco também é uma dança de roda ou realizada em pares que tem no passo da umbigada um elemento central. A música se destaca pelo uso de instrumentos como o ganzá, o surdo, o pandeiro e o triângulo, além do som característico da batida no chão dos tamancos de madeira utilizados pelos participantes, acompanhado de palmas.

Museus Castro Maya/Rio de Janeiro

Johann Moritz Rugendas. *Dança lundu*, 1835.

O lundu, gênero musical surgido no século XVIII e popular até meados do século XX, caracteriza-se pelo **ritmo sincopado** de origem africana e pela irreverência das letras, marcadas pelo humor. Inicialmente o lundu apresentava de forma criativa a temática das contradições nas relações entre os escravos e suas sinhás, expondo a violência da escravidão sob uma abordagem diferente, utilizando-se de um discurso aparentemente doce, amoroso e divertido. O termo lundu, cuja origem seria o calundu - dança ritual africana - surgiu apenas no século XIX e designava uma dança que combinava a umbigada africana e o **fandango** europeu.

ritmo sincopado: ritmo de música de uma nota musical tocada em um tempo fraco que se prolonga até o tempo forte do compasso.
fandango: dança popular típica de Portugal e da Espanha, caracterizada pelo sapateado e pelo bater de palmas.

LUNDUM

Eu tenho uma nhanhazinha
De quem sou sempre moleque
Ela vê-me estar ardendo
E não me abana c'o leque

Eu tenho uma Nhanhazinha
A melhor que há nesta rua;
Não há dengue como o seu,
Nem chulice como a sua.

Eu tenho uma Nhanhazinha
Muito guapa muito rica;
O ser formosa me agrada,
O ser ingrata me pica.

Domingos Caldas Barbosa. "Lundum". *Viola de Lereno*. Rio de Janeiro: Imprensa Nacional, 1944 [séc. XVIII]. 2v. Disponível em:<www.letras.ufmg.br/literafro/data1/autores/50/textosselecionados.pdf>. Acesso em: set. 2012.

O frevo é uma manifestação típica da cultura popular nordestina que, assim como o jongo, representa, ao mesmo tempo, um gênero musical e uma dança. Caracteriza-se pelo ritmo de uma marchinha muito acelerada, com o uso de diversos instrumentos de sopro, pela dança que mistura elementos acrobáticos, passos de balé e rodopios, e pelo uso de uma sombrinha colorida que compõe o figurino dos dançarinos. Segundo a tradição, a origem da dança viria dos desfiles de Carnaval em que capoeiristas, com gingado e suas acrobacias, abriam caminho para os músicos protegendo-os da multidão que acompanhava os cortejos das bandas musicais e blocos carnavalescos. Embora frequentemente se atribua ao frevo uma origem pernambucana, de acordo com pesquisadores africanistas, é possível que a música e a dança tenham raízes africanas e tenham sido trazidas para o Brasil por negros escravos que vieram da região da Costa do Marfim, onde ainda hoje podemos encontrar manifestações culturais bastante semelhantes à brasileira.

DONA SANTA, RAINHA DO MARACATU

Vejam em noite de gala
As nações africanas
Que o tempo não levou
É maracatu
Olhem quanto esplendor
Na festança real
Vêm as nações importantes
Saudando a rainha Dona Santa
Cantarolando num baque virado alucinante
Ô ô ô ô ô
Olha a costa velha do batuque do tambor (bis)
Ô ô ô
"Maracatu Elefante" chegou
Perto do pálio da soberana
Um festival em cores
Enfeita a nação
Vejam a garbosa rainha
Na matriz do Rosário (bis)
Depois da coroação
Chegou maracatu no Império original
Maracatu tradição do Carnaval (bis)

Wilson Diabo, Malaquias e Carlinhos. *Dona Santa, Rainha Do Maracatu.* Samba-enredo da escola de samba Império Serrano. Rio de Janeiro (RJ), 1974.

O maracatu é mais uma manifestação cultural pernambucana de raiz africana – nas tradicionais festas de coroação dos reis e rainhas do Congo – que ganhou novos elementos ao longo do tempo, assumindo características próprias, e se constitui em um importante meio de expressão e afirmação da identidade cultural e religiosa das camadas populares, formadas em sua maioria por afrodescendentes. A partir da década de 1990, o movimento Mangue Beat, então liderado por Chico Science e sua banda Nação Zumbi, inovou ao misturar elementos eletrônicos ao maracatu. Desde então o maracatu vem ganhando novos admiradores e tornando-se mais conhecido, não apenas no Nordeste, mas em todo o Brasil e até no exterior.

As congadas são festas religiosas populares caracterizadas por um desfile teatralizado ou uma procissão, dirigidos geralmente a uma igreja de alguma irmandade de negros, tais como Nossa Senhora do Rosário ou São Benedito, em que é encenada a coroação do Rei do Congo e prestada devoção aos santos católicos, numa típica manifestação de sincretismo em que as tradições africanas e europeias se misturam. Ao som de violas, atabaques, caixa, pandeiro e reco-reco, os congadeiros dançam com espadas, simulando uma guerra, e cantam versos em louvor aos santos.

A LENDA DE CHICO REI

De acordo com informação do antropólogo Saul Martins, toda lenda tem origem num fato histórico. Caso contrário, passa a ser conto. Para ilustrar essa opinião, descrevemos a lenda de Chico Rei, que, segundo alguns, foi o criador do Reinado no Brasil. Chico Rei, batizado com o nome de Francisco Lisboa, foi rei africano. Governou durante muito tempo no Sul da África até ser trazido para o Brasil como escravo.

Nas primeiras décadas do século XVIII, o território de Chico Rei foi invadido pelos portugueses. Prenderam-no com a família e toda a sua corte. Jogados nos porões dos navios negreiros, vieram

para o Brasil. No caminho, morreram muitos, salvando-se da família apenas Chico e seu filho mais velho. Na chegada ao Rio de Janeiro, eles foram vendidos para os mineradores de Vila Rica do Ouro Preto, em Minas Gerais. Por sorte Chico e seu filho foram comprados por um só dono. Esse senhor dava folga aos escravos mais produtivos aos sábados e domingos. Chico mostrou serviço logo no início, sendo contemplado com as folgas. Nesses dias, ele vendia seu trabalho ao próprio patrão, na mineração ou na lavoura. O que ganhava tinha uma única finalidade: comprar sua liberdade, o que conseguiu depois de dois anos. Alforriado, vendia seu trabalho a um português. Tornou a mina do português uma das mais produtivas de Vila Rica. Como prêmio, ganhou o direito de minerar aos sábados em seu benefício. Com o ouro comprou a liberdade de seu filho. Juntos, compraram a liberdade de outros negros e formaram uma espécie de cooperativa de escravos alforriados. O prestígio de Chico Rei crescia na região. Com sua simpatia, ganhava amigos brancos e negros. Os brancos lhe ofereceram a exploração de uma mina inativa. Sua sorte brilhou novamente, conseguindo enriquecer-se nesta mineração. Chico Rei casou-se com uma filha de congolês. Construiu a Igreja de Santa Efigênia em louvor a Nossa Senhora do Rosário, em Ouro Preto. Criou a irmandade dos pretos. Antes do trabalho, reunia-se com seus amigos para rezar em coro. Os padres, sentindo sua devoção, ajudam-no a criar sua corte real, acompanhada da Guarda de Congo ou Reinados.
Com sua opulência Chico tornou-se Rei da guarda. Aos domingos aprontava a corte real: de coroa de ouro na cabeça, de mantas bordadas, ao lado da esposa; o filho o protegia com a umbela bordada com franjas de ouro e carregada por mucamas. Na frente, os tocadores de instrumentos e dançantes abriam caminho para a corte passar. As mulheres empoavam os cabelos com ouro. Subiam o morro para

assistir à missa na igreja construída por Chico. Terminada a cerimônia, as mulheres lavavam as cabeças na pia bastimal com água benta, deixando as riquezas para a irmandade. A corte mantinha-se ordeira e pacífica, ganhando a confiança dos senhores. Com isso os escravos de melhor comportamento tinham permissão para fazer parte da corte do Chico Rei, nas horas de folga. O reinado de Chico Rei espalhou-se pelo Brasil. Com influência do branco e dos índios, foram-se criando outros grupos, como os moçambiqueiros, a marujada, a caboelada e os catopês. Hoje essa tradição é mantida, principalmente no interior de Minas Gerais.

Everton de Paula. *Cartilha Raízes Brasileiras* – série O Negro.
Belo Horizonte: Candeia, 1986.

O bumba meu boi, ou dança do boi-bumbá, é uma das mais tradicionais manifestações do folclore brasileiro, resultado da mistura de elementos culturais europeus, africanos e indígenas. Surgida no século XVIII, a festa tem características de uma ópera popular em que se encena a história de um fazendeiro que tem seu boi preferido roubado por um funcionário da fazenda, para satisfazer o desejo de sua mulher grávida de comer a língua do boi. Após a intervenção de pajés, que ressuscitam o animal, celebra-se uma grande festa.

A representação do boi é geralmente feita em madeira coberta por tecido e com uma saia colorida que encobre a pessoa que fica dentro da estrutura, dançando e movimentando o boi. A festa do boi-bumbá é celebrada anualmente no Festival de Parintins, no estado do Amazonas, reunindo milhares de pessoas, da comunidade local e turistas, nacionais e estrangeiros, que assistem à evolução de dois grupos, o Boi Garantido e o Boi Caprichoso.

BUMBA MEU BOI

Tu precisa ir pro Norte
Ver Bumba meu Boi Bumbá

Ê bum bum Bumba meu Boi
Ê Bumba meu Boi Bumbá
(Ê bum bum bum Bumba meu boi
Ê Bumba meu Boi Bumbá)

Tu precisa ver a dança
Do reisado imperiá

Ê bum bum Bumba meu Boi
Ê Bumba meu Boi Bumbá
(Ê bum bum bum Bumba meu boi
Ê Bumba meu Boi Bumbá)

No dia desse festejo
Vai toda gente pra rua

Jackson do Pandeiro, Nivaldo Lima. *Bumba meu Boi*, 1961.

O samba, um dos mais importantes patrimônios culturais do Brasil, marca de nossa identidade no país e no exterior, nasceu entre os negros, descendentes de africanos. Entre os estudiosos de história da música é grande a discussão sobre o local onde teria nascido o samba, se na Bahia ou no Rio de Janeiro. A partir do século XIX cresce a presença de negros no Rio de Janeiro: além dos africanos trazidos para o trabalho nas lavouras de café do Vale do Paraíba, o **tráfico interprovincial** de escravos promoveu o deslocamento de milhares de negros do Nordeste, particularmente do Recôncavo Baiano, no estado da Bahia, para o Rio de Janeiro. Após a abolição da escravatura, ao final do século XIX, a migração da população liberta ou alforriada em direção à capital aumentou. Os negros chegavam para trabalhar nas casas particulares, no comércio ou nas ruas da cidade e foram ocupando, desde o início do século XX, as regiões próximas ao cais do porto e do bairro popular da **Cidade Nova**.

tráfico interprovincial: comércio de escravos entre os donos de escravos da região Nordeste e os fazendeiros da região do café no médio vale do Rio Paraíba do Sul. Intensificou-se com a repressão por parte da Inglaterra ao comércio atlântico de escravos.
Cidade Nova: bairro do Rio de Janeiro localizado entre a região do centro e a zona norte da cidade. Inicialmente uma região de alagadiço, serviu como rota de passagem entre o Centro e São Cristóvão até o início do século XIX. Após um processo de revitalização passou a ser valorizado por conta da instalação de importantes prédios administrativos, entre eles o da prefeitura do município.

Nessa região, que ia do cais do porto aos bairros da Saúde, Cidade Nova e Praça Onze, os negros vão formar a chamada "Pequena África", núcleo comunitário que mantinha e reforçava a identidade dos negros, organizada a partir dos centros religiosos, dos terreiros de candomblé, das festas e batuques, onde as mulheres tinham um papel importante na coesão do grupo, na manutenção e revitalização das tradições africanas. Diversas mulheres, mães de santo (sacerdotisas, regentes de terreiros de candomblé), foram fundamentais para a história da Pequena África. Tia Ciata, negra baiana, doceira que ganhava a vida no comércio ambulante nas ruas do centro, é a mais conhecida delas. Ela teve uma grande importância na história do samba, pois sua casa na Praça Onze se tornou um ponto de encontro da comunidade negra baiana no Rio de Janeiro e de ex-escravos que viviam nos morros próximos ao centro da cidade. Festeira, reunia músicos e compositores, muitos deles ainda amadores e desconhecidos, dentre eles Pixinguinha, Donga, Heitor dos Prazeres, João da Baiana, Sinhô e Mauro de Almeida. Pode-se dizer que ali, na comunidade da Pequena África, nasceu o samba. Perseguido pelas autoridades no final do século XIX, assim como o candomblé e a capoeira, o samba era visto como expressão de uma cultura primitiva dos negros, que deveria ser aos poucos eliminada para dar lugar a uma cidade civilizada.

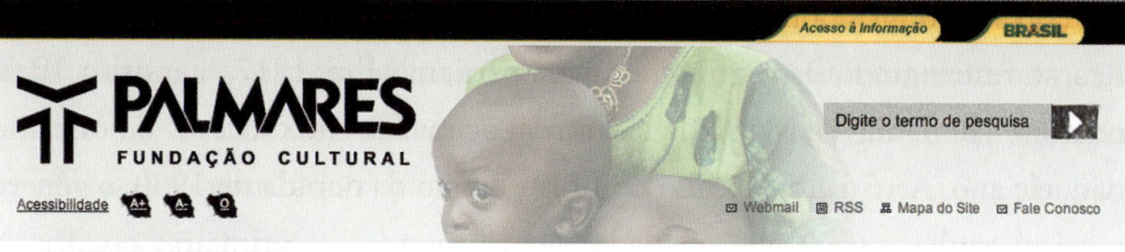

Encontrado Cemitério dos Pretos Novos no Rio de Janeiro

segunda-feira, 5 / março / 2012
Por Daiane Souza

As obras de reforma em uma casa a cerca de 500 metros do local onde foi encontrado o Cais do Valongo, no Rio de Janeiro, foram a chave para a descoberta do espaço conhecido como Cemitério dos Pretos Novos. Nele, os negros que não resistiam ao deslocamento entre a África e o Brasil, no período colonial, eram enterrados em covas coletivas. Ainda é impossível determinar o número de pessoas enterradas no local.

Os ossos estão sendo analisados pela Universidade de Brasília (UnB), que identificará de que estes africanos se alimentavam, em que condições e onde viviam. No cemitério, também foram encontrados búzios, miçangas e anéis que serviam de amuletos de proteção. Para Tânia Andrade de Lima, arqueóloga responsável pelas escavações, as peças representam a última esperança daqueles negros que, além de ser trazidos para uma terra estranha, eram violentados de todas as maneiras.

Segundo Tânia, diante desse cenário era preciso buscar formas de representar a resistência necessária para superar as agressões. As peças traduzem enorme diversidade de práticas mágico-religiosas, além de crenças muito distintas. "Elas constituem a herança deles para seus descendentes e para a posteridade. Eles falam através desses objetos", afirma a especialista.

Novas descobertas – Nas escavações do Cais do Valongo, os arqueólogos encontraram dois canhões, do início do século XVII, que podem ser os mais antigos do Brasil. Tânia e sua equipe esclarecem que a existência de uma bateria de canhões na orla, próxima ao Morro da Conceição, era desconhecida pela história. A descoberta surpreendeu aos historiadores militares que também buscam vestígios do comércio escravagista do século XIX na região.

Os canhões estão sob responsabilidade do Museu Nacional para estudos. Outros objetos do século XIX passarão por limpeza e processamento na instituição. Toda a equipe envolvida já reuniu material suficiente para remontar parte da história dos negros escravizados trazidos da África que eram vendidos no Cais do Valongo, por onde passaram mais de um milhão de escravos.

Cronologia – O Cais do Valongo de 1811 foi encontrado há um ano quando funcionários da prefeitura carioca trabalhavam na revitalização da Zona Portuária para a Copa de 2014. Durante as escavações, foi encontrado além dele o Cais da Imperatriz, construído para receber Teresa Cristina, que se casaria com Dom Pedro II. Os tesouros arqueológicos estavam escondidos sob a Avenida Barão de Tefé há pelo menos um século.

O Cais da Imperatriz teria sido construído sobre o Cais do Valongo logo após a primeira lei contra o tráfico negreiro em 1831, com o objetivo de apagar a realidade de mercado escravagista do local considerado o maior porto de chegada de escravos do mundo. "Houve então o embelezamento do Cais para pôr fim naquela etapa da história", explica Tânia. "O que passou a ser visto como uma vergonha foi desativado para que a princesa pudesse desembarcar em uma terra onde não existia o comércio de gente", conclui.

Palmares Fundação Cultural, 5 mar. 2012. Disponível em: </www.palmares.gov.br/2012/03/encontrado-cemiterio-dos-pretos-novos-no-rio-de-janeiro>. Acesso em: set. 2012.

No entanto, ao longo das décadas seguintes o samba foi se expandindo, não se restringindo à comunidade negra baiana. Em 1917, a música "Pelo telefone", de Donga e Mauro de Almeida, é gravada e faz sucesso no carnaval daquele ano. Ao final da década de 1920 e início da década de 1930, o gênero musical ganha espaço na sociedade e são formadas as primeiras escolas de samba, a Deixa Eu Falar – atual Estácio de Sá – , a Portela e a Mangueira. Em meados dessa década oficializam-se os desfiles de rua das escolas de samba, que inicialmente seguiam um percurso pela Praça Onze, passando pelas casas das tias baianas. Aos poucos o samba vai sendo incorporado às tradições nacionais, tornando-se uma marca de nossa identidade cultural, sendo hoje reconhecido como patrimônio cultural do país.

KIZOMBA, FESTA DA RAÇA

Valeu Zumbi
O grito forte dos Palmares
Que correu terras céus e mares
Influenciando a Abolição
Zumbi valeu
Hoje a Vila é Kizomba
É batuque, canto e dança
Jongo e Maracatu
Vem menininha pra dançar o Caxambu
Vem menininha pra dançar o Caxambu
Ô ô nega mina
Anastácia não se deixou escravizar
Ô ô Clementina
O pagode é o partido popular

[...]
Esta Kizomba é nossa constituição
Esta Kizomba é nossa constituição
Que magia
Reza ageum e Orixá
Tem a força da Cultura
Tem a arte e a bravura
E um bom jogo de cintura
Faz valer seus ideais
E a beleza pura dos seus rituais
[...]

Rodolpho, Jonas, Luís Carlos da Vila. *Kizomba, Festa da Raça.*
Samba-enredo da GRES Unidos da Vila Isabel.
Rio de Janeiro (RJ), 1988.

Além do samba, revitalizado e revalorizado nos bairros boêmios do Rio de Janeiro, algumas manifestações culturais contemporâneas vêm ganhando maior força nas últimas décadas nas periferias das grandes cidades, nas comunidades pobres dos centros urbanos do país.

O hip hop é um movimento cultural de rua que surgiu na comunidade de negros jamaicanos radicados nos bairros pobres de Nova York na década de 1970, como forma de expressão da população negra e latina marginalizada, sendo composto basicamente pela fusão de quatro manifestações artísticas associadas à música, à dança, à poesia e à pintura: os DJs, ou disc jockeys, operadores de discos responsáveis pelas mixagens e introdução de elementos eletrônicos nas músicas; os MCs, ou mestres de cerimônia, que organizam e animam as festas e bailes, as apresentações de rap, a dança do break e a pintura do grafite.

O rap, gênero musical surgido no movimento hip hop, caracteriza-se pela batida acelerada, pouca melodia e grande importância da letra, que em geral assume uma forma de protesto, narrando o cotidiano e denunciando os preconceitos, as injustiças e as dificuldades enfrentadas pelas comunidades pobres das grandes cidades, formadas em sua maioria por negros. Em meados da década de 1980 o movimento hip hop desponta na cidade de São Paulo e ganha força entre os jovens da periferia, sendo aos poucos incorporado ao cenário cultural nacional a partir da década seguinte.

Patrícia Santos/Folhapress

O B-boy (Break Boy) Franklin Garcia mostra movimentos da dança hip hop na praça São Bento, em São Paulo.

Adriana Zehbrauskas/Folhapress

Os rappers Thaíde e Dj Hum, em São Paulo.

Influenciado por um novo ritmo, o miami bass, o funk surge na década de 1980 com uma batida musical mais forte e acelerada, e com as letras das músicas caracterizadas pela temática sexual e pelo acentuado erotismo. Inicialmente, as músicas de funk tocadas nas rádios brasileiras eram versões de sucessos já consagrados da MPB. Posteriormente, o gênero musical ganhou composições próprias e se popularizou não apenas nas periferias das grandes cidades. Mais recentemente, a expansão dos bailes funks no Rio de Janeiro e a maior participação desse gênero musical nas principais rádios do país demonstram mais uma vez a força da cultura popular que ultrapassa suas fronteiras de origem das periferias e comunidades pobres das cidades grandes.

Eduardo Anizelli/Folhapress

O grafiteiro do grupo OPNI, Carlos Moreira (Toddy), faz grafite em tapume de aço ondulado que fica na Praça Roosevelt, São Paulo.

AS RELIGIÕES

Uma importante forma de resistência dos negros à dominação cultural europeia no Brasil foi a religião. Ao desembarcarem como escravos, eram obrigados a se batizar na Igreja católica e a seguir a fé cristã. No entanto, os negros trouxeram suas crenças e, na medida do possível, as mantiveram vivas, o que levou a um processo de trocas culturais que resultou na formação de uma identidade cultural nova – a cultura brasileira – caracterizada por um forte sincretismo religioso.

BATUCADA

A noite é bonita
O batuque começou,
Parece negro chorando!
Porque negro está apanhando,
Não sei bem de quê, feitor?
Sei que negro está chorando,
Porque negro sente dor,
Porque negro inda se esconde,
Pra adorar seu Senhor.

Porque inda é pecado
Negro adorar seu Senhor,
Porque a polícia prende
Negro que adora o Senhor.

Branco adora o Deus que quer,
Mas o negro não pode não,
Tem de adorar Deus de branco
Ou senão vai pra prisão...

Solano Trindade. "Batucada". *Poemas antológicos.*
São Paulo: Nova Alexandria, 2009.

COMPROMISSO
DA IRMANDADE
DA
VIRGEM SENHORA DO ROZARIO
DOS PRETOS
DO
ARRAYAL DO MORRO VERMELHO
DA
FREGUEZIA
DA SENHORA
DO
BOM SUCESSO
DO CAETÉ COMARCA
DO
SABARÁ

ANNO MDCCXC

Capa do compromisso da Irmandade de Virgem Senhora do Rosário dos Pretos, Sabará, Minas Gerais, século XVIII.

A formação de irmandades leigas foi um traço marcante da vivência do catolicismo no Brasil colonial. As irmandades leigas eram associações fundadas a partir da reunião de fiéis em torno da devoção a um santo protetor comum e prestavam assistência material e espiritual a seus membros e familiares, atendendo assim a necessidades de caráter religioso e social. A formação de diversas irmandades que reuniam negros, mestiços e pardos, geralmente dedicadas à devoção a São Benedito, Nossa Senhora do Rosário, Santa Efigênia e Santo Estevão, garantia a esses grupos a prática de um catolicismo popular e, ao mesmo tempo, mantinha a prestação de auxílio aos irmãos em caso de dificuldades econômicas ou enfermidades, além de arrecadar fundos para a libertação de escravos. As irmandades eram também responsáveis pelos enterros, garantindo aos irmãos um solo sagrado, dentro das igrejas ou nos cemitérios próximos, para serem sepultados. As irmandades negras tiveram também um importante papel no processo de acomodação e assimilação dos africanos à cultura europeia. O sincretismo religioso no Brasil se consolida com a junção de rituais, práticas católicas às devoções trazidas pelos negros da África, com a associação dos santos católicos aos orixás e divindades das religiões africanas.

Museus Castro Maya/Rio de Janeiro

Johann Moritz Rugendas. *Festa de Nossa Senhora do Rosário, Patrona dos negros*, 1835.

Perseguidos desde o período colonial, os rituais e cultos de origem africana se mantiveram vivos no Brasil e foram aos poucos se modificando e fazendo surgir as chamadas religiões afro-brasileiras. Datam do século XVII os primeiros registros de cultos africanos em terras brasileiras, então chamados calundu.

"Antigamente, os orixás eram homens.
Homens que se tornaram orixás por causa de seus poderes.
Homens que se tornaram orixás por causa de sua sabedoria.
Eles eram respeitados por causa de sua força,
Eles eram venerados por causa de suas virtudes.
Nós adoramos sua memória e os altos feitos que realizaram.
Foi assim que estes homens tornaram-se orixás.
Os homens eram numerosos sobre a Terra.
Antigamente, como hoje,
Muitos deles não eram valentes nem sábios.
A memória destes não se perpetuou
Eles foram completamente esquecidos;
Não se tornaram orixás.

Em cada vila, um culto se estabeleceu
Sobre a lembrança de um ancestral de prestígio
E lendas foram transmitidas de geração em geração para render-lhes homenagem"

Pierre Fatumbi Verger. *Lendas africanas dos orixás*. Salvador: Currupio, 1997.

O candomblé e a umbanda são religiões brasileiras de recriação do culto aos orixás africanos, divindades associadas às forças da natureza. Na África cada aldeia, comunidade, cidade ou império cultuava um orixá, havendo centenas deles. No Brasil, africanos de diversas origens, cada um cultuando seu orixá, se encontravam em uma mesma fazenda ou engenho. Com o tempo, os negros passaram a reunir em um só local o culto a diversos orixás. Das centenas de orixás existentes na África, desenvolveu-se no Brasil o culto a um pequeno grupo deles: Exu, Ogum, Xangô, Oxossí, Ossaim, Oxum, Iansã, Obá, Ibeji, Logunedê, Oxalá, Omulu e Oxumarê. A base do candomblé recebeu influência dos povos iorubas, do Daomé e do Congo, o que deu origem a divisões na forma de organização e apresentação do culto, a que chamamos de nação Kêtu, Angola, Fon. Aqui a religião dos orixás recebeu diversos nomes: candomblé, xangô, tambor de mina.

O sincretismo religioso surgiu como uma forma de resistência dos africanos à dominação cultural europeia. Para driblar a proibição do culto aos orixás, os negros procuraram pontos comuns entre os santos católicos e suas divindades e passaram a adorar os santos na intenção de cultuar os orixás. Assim, foram praticando sua religião e sua religiosidade, não da mesma forma que na África, mas com a mesma intensidade, mantendo viva a sua fé.

Baseadas no estabelecimento de relações de irmãos entre seus membros, as religiões afro-brasileiras permitiram aos negros restabelecer laços familiares perdidos com a imposição da escravidão.

Os terreiros de candomblé, espaço sagrado de culto aos orixás, funcionavam como espaços de solidariedade entre os negros, onde, por doações, juntavam dinheiro para a ajuda mútua, para comprar a liberdade e para construir suas casas de culto.

A primeira de que se tem conhecimento é a Casa Branca do Engenho Velho, fundada no início do século XIX por duas rainhas africanas em Salvador, na Bahia. A partir dessa origem surgiram duas das principais casas de candomblé existentes no país atualmente: o terreiro do Gantois e o Axé Opô Afonjá, ambos localizados também em Salvador. A liderança do terreiro é ocupada por um babalorixá ou por uma ialorixá (sacerdotes), responsáveis por zelar pela casa e pelos orixás ali cultuados.

Ali os irmãos são acolhidos e ajudados, respeitados, criam uma identidade, ganham *status* e poder. Mais do que meros locais de culto aos orixás, os terreiros foram e ainda hoje são espaços de resistência, de culto à memória e de preservação da cultura afro-brasileira.

A CULINÁRIA

A compra de escravos para o Brasil feita pelos portugueses junto aos chefes dos povos africanos era feita, normalmente, com pagamento em mercadorias: cachaça, fumo e armas, além de raízes e produtos agrícolas nativos do Brasil. No continente africano, esses produtos eram utilizados de maneiras diferentes aos hábitos indígenas brasileiros. Podemos citar por exemplo a mandioca, o milho e o amendoim que voltaram ao Brasil africanizados, isto é, preparados e utilizados de maneira diferente da dos índios da América e até mesmo com outros nomes, dados pelos povos africanos trazidos para o Brasil.

A população africana que veio para o Brasil como trabalhador escravo foi responsável pela difusão do inhame, da cana-de-açúcar e do dendezeiro, do qual se extrai o azeite de dendê. Os escravos africanos trouxeram também o leite de coco, de origem polinésia, a pimenta malagueta e a galinha-d'angola.

A população africana que desembarcou nos portos do território brasileiro na condição de escrava, utilizando conhecimentos adquiridos em sua terra de origem e ingredientes de diferentes continentes, criou pratos variados, contribuindo efetivamente para a qualidade e variedade da culinária brasileira.

Abará

Bolinho de origem afro-brasileira feito com massa de feijão-fradinho temperada com pimenta, sal, cebola e azeite de dendê, algumas vezes com camarão seco, inteiro ou moído e misturado à massa, que é embrulhada em folha de bananeira e cozida em água (no candomblé, é comida de santo, oferecida a Iansã, Obá e Ibeji).

Aberém

Bolinho de origem afro-brasileira, feito de milho ou de arroz moído na pedra, macerado em água, salgado e cozido em folhas de bananeira secas (no candomblé, é comida de santo, oferecida a Omulu e Oxumaré).

Abrazô

Bolinho da culinária afro-brasileira, feito de farinha de milho ou de mandioca, apimentado, frito em azeite de dendê.

Acaçá

Bolinho da culinária afro-brasileira, feito de milho macerado em água fria e depois moído, cozido e envolvido, ainda morno, em folhas verdes de bananeira. Acompanha vatapá ou caruru. Preparado com leite de coco e açúcar, é chamada acaçá de leite (no candomblé, é comida de santo, oferecida a Oxalá, Nanã, Ibeji, Iemanjá e Exu).

Ado

Doce de origem afro-brasileira feito de milho torrado e moído, misturado com azeite de dendê e mel (no candomblé, é comida de santo, oferecida a Oxum).

Aluá

Bebida refrigerante feita de milho, de arroz ou de casca de abacaxi fermentados com açúcar ou rapadura, usada tradicionalmente como oferenda aos orixás nas festas populares de origem africana.

Quibebe

Prato típico do Nordeste, de origem africana, feito de carne de sol ou com charque, refogado e cozido com abóbora. Tem a consistência de uma papa grossa e pode ser temperado com azeite de dendê e cheiro verde.

Nilza B. Megale. *Folclore brasileiro*. Petrópolis: Vozes, 1999.
A cozinha brasileira. São Paulo: Circulo do Livro S.A.

Além da contribuição africana na culinária, nas festas, nas crenças e nas músicas, a matriz africana foi fundamental também na formação da língua brasileira: a colocação dos pronomes antes do verbo que resultou em um jeito singular de falar o português e as diversas palavras que fazem parte do nosso vocabulário tais como samba, camundongo, marimbondo, maxixe, caruru, bunda, chuchu, quiabo, tamanco, tanga, vatapá, orixá, axé, agogô, xinxim e acarajé.

Os agudás

As marcas da presença africana no Brasil são facilmente perceptíveis no nosso dia-a-dia. Mas, pouco se fala da influencia das tradições culturais brasileiras no continente africano. Uma parte específica dos negros que vieram para o Brasil ao longo de três séculos de existência do trafico negreiro conseguiram retornar à África. Alguns, deportados pelo governo imperial por terem se envolvido em movimentos de revolta, outros envolvidos em relações comerciais ligadas ao tráfico de escravos, outros ainda movidos pelo desejo de retornar a seu local de origem após terem conseguido a liberdade, acabavam por fazer o caminho de volta ao continente africano, sobretudo para a região do Golfo do Benin, território atualmente formado pelas repúblicas do Benin, Togo e Nigéria. Na primeira metade do século XIX, também o governo dos Estados Unidos estabeleceu uma política de incentivo ao retorno de negros ex-escravos à África, dando origem ao país hoje conhecido como Libéria.

Os descendentes dos retornados do Brasil para o Golfo do Benin, famílias que conservam sobrenomes de origem brasileira, tais como Souza, Silva e Amaral, são conhecidos na região como "agudás". Eles mantém vivas ainda hoje tradições culturais oriundas do Brasil, como a festa em homenagem e devoção ao Senhor do Bonfim semelhante à celebração que ocorre em Salvador, e a encenação da "burrinha" inspirada no bumba-meu-boi, folguedo muito popular no Brasil, sobretudo no sertão nordestino. Durante essas festas são preparados pratos típicos da culinária brasileira como a feijoada e o cozido. Os agudás são também respeitados no Benin por sua tradição em trabalhos na construção civil, utilizando técnicas desenvolvidas a partir da experiência adquirida por seus antepassados como escravos em terras brasileiras. Na arquitetura, apresentam uma influência da cultura luso-brasileira e reproduzem no continente africano edificações nos estilos colonial e barroco brasileiro.

CAPÍTULO 6 – BRASIL: PAÍS MESTIÇO

> Nós, brasileiros, somos um povo em ser, impedido de sê-lo. Um povo mestiço na carne e no espírito, já que aqui a mestiçagem jamais foi crime ou pecado. Nela fomos feitos e ainda continuamos nos fazendo. Essa massa de nativos viveu por séculos sem consciência de si... Assim foi até se definir como uma nova identidade étnico-nacional, a de brasileiros.
>
> Darcy Ribeiro. *O povo brasileiro*. São Paulo: Cia. das Letras, 1995.

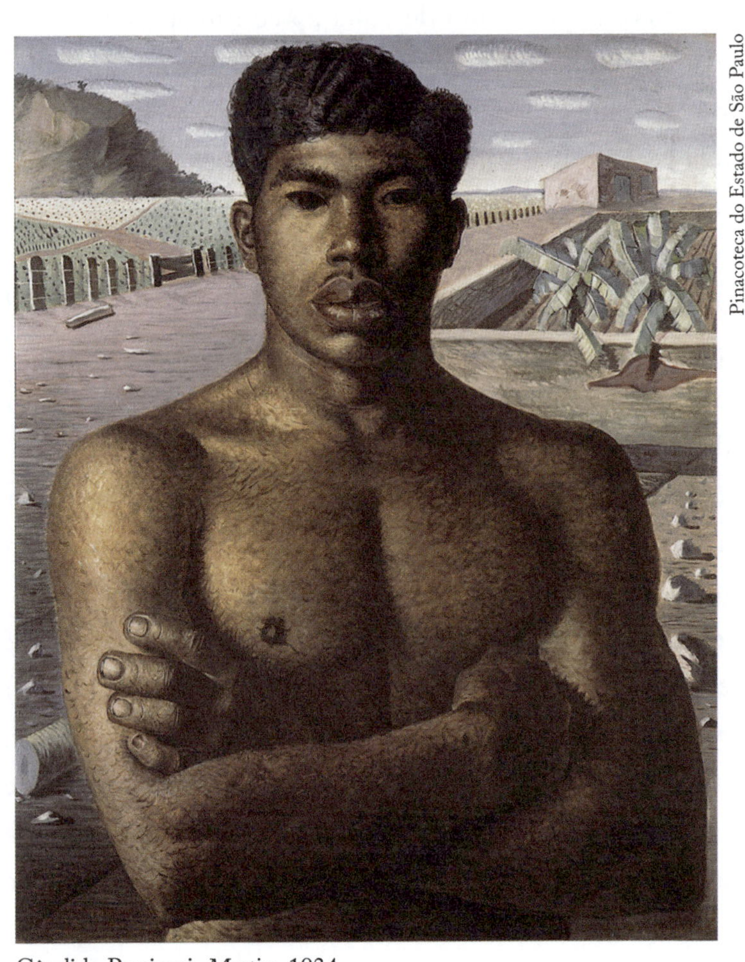

Pinacoteca do Estado de São Paulo

Cândido Portinari. *Mestiço*, 1934.

LOURINHA BOMBRIL

Para e repara
Olha como ela samba
Olha como ela brilha
Olha que maravilha

Essa criola tem o olho azul
Essa lourinha tem cabelo bombril
Aquela índia tem sotaque do Sul
Essa mulata é da cor do Brasil

A cozinheira tá falando alemão
A princesinha tá falando no pé
A italiana cozinhando o feijão
A americana se encantou com Pelé

[...]

Os Paralamas do Sucesso.
Lourinha bombril, 1986.

A frase do padre italiano André Antonil que afirma que o "Brasil é o inferno dos pretos, o purgatório dos brancos e o paraíso dos mulatos", do livro *Cultura e opulência do Brasil por suas drogas e minas*, publicado em 1711, nos dá uma ideia de que já naquele período, início do século XVIII, o Brasil era um país mestiço.

A miscigenação da população brasileira começou com a chegada dos portugueses, em sua maioria homens, que estabeleceram relações sexuais com a população indígena habitante do território. O filho da índia com um branco era o que os jesuítas passaram a chamar de mameluco ou caboclo. A partir do século XVI, os diversos povos africanos que para cá vieram, na condição de escravos, contribuíram efetivamente para a mestiçagem da população brasileira, dando origem aos pardos (brancos com negros), também chamados pejorativamente de mulatos, e cafuzos (indígenas com negros).

Produto das matrizes africana, europeia e indígena, a população brasileira tem uma grande diversidade de características que variam de acordo com a herança genética de cada um dos brasileiros, formando um povo colorido, tanto na pele e nos olhos quanto nos cabelos.

OS NÚMEROS DA DIFERENÇA

Ao observarmos a tabela abaixo, de distribuição da população brasileira por cor, podemos perceber a diferença entre as cinco regiões do país, produto dos diferentes processos de povoamento e ocupação do território brasileiro, intensificados com a chegada dos portugueses no século XVI. De acordo com a classificação do Instituto Brasileiro de Geografia e Estatística (IBGE), os mestiços descendentes de branco com negro são denominados pardos; os asiáticos, amarelos.

POPULAÇÃO BRASILEIRA POR COR OU RAÇA
SEGUNDO AS GRANDES REGIÕES (%). BRASIL – 2009

Região	População branca	População preta	População parda	População amarela ou indígena
Brasil	**48,2**	**6,9**	**44,2**	**0,7**
Região Centro-Oeste	41,7	6,7	50,6	0,9
Região Norte	23,6	4,7	71,2	0,4
Região Nordeste	28,8	8,1	62,7	0,3
Região Sudeste	56,7	7,7	34,6	0,9
Região Sul	78,5	3,6	17,3	0,7

Fonte: Instituto Brasileiro de Geografia e Estatística (IBGE), 2009. Disponível em: <http://www.ibge.gov.br>. Acesso em: ago. 2012.

A concentração de negros e pardos nas regiões Nordeste e Sudeste deve-se ao desenvolvimento das economias agroexportadora e mineradora com base na mão de obra escrava negra nessas regiões, desde o período colonial.

Em contrapartida, a pequena parcela de índios é decorrente do extermínio da população nativa nessas regiões, em função da dominação portuguesa. O predomínio da população parda na região Norte é consequência da miscigenação da população indígena com os colonizadores brancos que para lá se dirigiram, com o intuito de explorar as riquezas naturais da floresta, principalmente as drogas do sertão e o látex, e também da mestiçagem dos índios com os negros, oriundos da região da África Ocidental ou mesmo do Nordeste brasileiro. O incentivo à imigração europeia para ocupação da região Sul e o desenvolvimento da agricultura e da criação de gado em pequenas e médias propriedades, com pouca utilização de mão de obra escrava negra, resultou na grande concentração de população branca na região.

A partir da segunda metade do século XIX, o governo imperial brasileiro incentivou a vinda de imigrantes europeus para trabalharem nas lavouras de café em expansão no Oeste paulista, substituindo aos poucos a mão de obra escrava negra pela branca livre. A maioria da elite política e intelectual brasileira olhava com desprezo a mistura de europeus, índios e negros e colocava como solução única para o país o branqueamento da população, pois para eles a miscigenação seria o principal fator do atraso do Brasil. O projeto de construção de uma nação civilizada – sobretudo após a proclamação da república – estaria comprometido por conta da predominância de população mestiça, com uma forte presença do negro.

Teorias racistas difundidas na Europa e no Brasil a partir de meados do século XIX, reforçavam a ideia da superioridade branca em relação ao negro e influenciaram intelectuais e políticos brasileiros que nelas encontravam argumentos supostamente científicos para justificar a adoção de uma política oficial de branqueamento da população brasileira através do incentivo a imigração, sobretudo de europeus. Segundo propagavam estas teorias eugenistas, a raça branca era considerada como superior, e iria prevalecer sobre a raça negra, vista como inferior. A miscigenação racial é vista não como uma ameaça a ordem social, mas como um caminho para, a médio e/ou longo prazo, o Brasil alcançar o ideal de uma sociedade predominantemente branca.

Por volta dos anos 1920 e 1930, a miscigenação passou a ser vista com um outro olhar, passou a ser-lhe atribuído um valor positivo. A mistura das três matrizes produzia um povo e uma cultura que garantiam a singularidade do Brasil diante de outras nações. A obra do sociólogo Gilberto Freyre intitulada *Casa-grande e senzala*, publicada em 1933, marcou uma mudança no pensamento social brasileiro. Ao valorizar o mestiço, produto da miscigenação de três matrizes, e enaltecer o sincretismo que deu origem à cultura brasileira, o autor rompeu valores consagrados na época criticando a política de branqueamento, baseada em ideias racistas, adotada pelo governo brasileiro desde o fim do século XIX. Outros intelectuais foram ainda mais adiante, defendendo o investimento na educação da população negra e mestiça como solução para resolver as dificuldades do Brasil.

O brasileiro "passou a ser definido como a combinação, mais ou menos harmoniosa, mais ou menos conflituosa, de traços africanos, indígenas e portugueses, de casa-grande e senzala, de sobrados e mocambos", observou o antropólogo Hermano Vianna, em *O mistério do samba* (Rio de Janeiro, Zahar, 1995).

Acervo Artístico Cultural dos Palácios do Governo do Estado de São Paulo

Tarsila do Amaral. *Operários*, 1933.

Podemos observar essa valorização nas obras de artistas brasileiros, como a pintora Tarsila do Amaral.

Ao analisar a sociedade colonial brasileira, Gilberto Freyre chamou a atenção para a contribuição dos negros na formação da nossa cultura. Enaltecendo as relações entre os senhores e os escravos, origem da mestiçagem, o autor contribuiu decisivamente para a formação do mito da democracia racial no Brasil.

Mas, ao observarmos os indicadores econômicos e sociais brasileiros, podemos perceber que a democracia racial não se concretizou plenamente. O histórico processo de exploração dos negros no Brasil, desde o século XVI, resultou na imensa desigualdade na distribuição de renda, no grau de escolaridade e no acesso às oportunidades de emprego formais entre brancos, pardos e negros ainda hoje no país. No Brasil, a discriminação racial e a desigualdade social caminham juntas.

UOL Assine 0800 703 3000 SAC Bate-papo E-mail Notícias Esporte Entretenimento Mulher Shopping

Web | Dicionários | Imagens

UOL Educação

ÚLTIMAS NOTÍCIAS

03/12/2009 – 15h45

Ipea: analfabetismo entre jovens negros é 2 vezes maior.

AE - Agencia Estado

SÃO PAULO - O índice de analfabetismo entre jovens negros é duas vezes maior que entre brancos, segundo levantamento divulgado hoje pelo Instituto de Pesquisa Econômica Aplicada (Ipea).

Contudo, a distância entre os grupos encurtou nos últimos 10 anos: em 1998, o analfabetismo entre jovens negros era quase três vezes maior que entre os brancos.

No ensino médio, o número de jovens brancos que frequenta a escola é 44,5% maior em comparação ao de negros. Já no ensino superior, a frequência é cerca de três vezes maior entre os brancos. O Ipea destaca, no entanto, que houve significativa melhora no nível de adequação educacional entre os jovens negros nos últimos anos. Enquanto se observou entre os brancos certa estagnação, entre os negros a melhoria na frequência ao ensino médio é bastante significativa: em 10 anos, quase duplicou.

No que diz respeito à renda, a disparidade é alarmante. De 2004 a 2008, a diferença entre as rendas médias dos negros e dos brancos no Brasil aumentou R$ 52,92. O estudo também revela que a renda média dos brancos aumentou 2,15 vezes no período, enquanto a dos negros teve aumento de apenas 1,99 vez.

O levantamento do Ipea foi feito com base nos dados da Pesquisa Nacional por Amostra de Domicílios (Pnad) de 2008 do Instituto Brasileiro de Geografia e Estatística (IBGE). Consideram-se jovens aqueles entre 15 e 29 anos, uma população que soma hoje 49,7 milhões de pessoas, cerca de 26,2% da população brasileira.

Agência Estado, 3 dez. 2009.
Disponível em: <http://educacao.uol.com.br/ultnot/2009/12/03/ult4528u898.jhtm>.
Acesso em: set. 2012.

NEGROS E BRANCOS: DIFERENTES OPORTUNIDADES

O Brasil foi a última nação da América a abolir a escravidão. Quando da assinatura da lei Áurea, em 1888, apenas cerca de 1% de pretos e pardos sabia ler.

A situação dos negros ex-escravos não mudou muito nos anos que se seguiram à abolição, pois não houve nenhuma preocupação oficial em promover a melhoria das condições de vida desse grupo social, seja através da garantia de acesso ao ensino ou ao mercado de trabalho formal. Consequentemente, a maioria da população parda e negra permaneceu sem qualificação e vítima do preconceito, portanto, com poucas possibilidades de ascensão social.

As atividades que ofereciam maior remuneração, na lavoura e na indústria que estava iniciando no país, foram preenchidas por imigrantes italianos, japoneses, espanhóis e alemães que para cá vieram atendendo à campanha do Estado brasileiro de incentivo à imigração para substituir a mão de obra negra pela do imigrante e para pôr em prática a política de branqueamento da população brasileira.

Ainda hoje encontramos essa situação, pois os dados mostram que os brancos ocupam as profissões mais bem remuneradas em relação a pardos e negros: a proporção de pretos e pardos ocupados é maior nos ramos agrícola, construção civil e prestação de serviços, enquanto os brancos estão mais presentes na indústria de transformação, no comércio de mercadorias, na área social e na administração pública.

Os serviços domésticos ou da construção civil, pouco valorizados socialmente e consequentemente mal remunerados, são realizados em maior número pelos trabalhadores pretos e pardos. Em contrapartida, há mais brancos do que pretos e pardos trabalhando em regime estatutário e como empregadores.

SOU NEGRO

A Dione Silva

Sou Negro
meus avós foram queimados
pelo sol da África
minh'alma recebeu o batismo dos tambores, atabaques,
gonguês e agogôs
Contaram-me que meus avós
vieram de Loanda
como mercadoria de baixo preço plantaram cana
pro senhor do engenho novo
e fundaram o primeiro Maracatu.
Depois meu avô brigou como um danado nas terras de
Zumbi
Era valente como quê
Na capoeira ou na faca
escreveu não leu
o pau comeu
Não foi um pai João
humilde e manso
Mesmo vovó não foi de brincadeira
Na guerra dos Malês
ela se destacou
Na minh'alma ficou
o samba
o batuque
o bamboleio
e o desejo de libertação...

Solano Trindade. "Sou negro". *Cantares do meu povo.*
São Paulo: Fulgor, 1961.

UOL Assine 0800 703 3000 SAC Bate-papo E-mail E-mail Grátis Shopping BUSCAR

São Paulo, domingo, 11 de maio de 2008 FOLHA DE S.PAULO **mercado**

Texto Anterior | *Próximo Texto* | *Índice*

Negros têm só 3,5% dos cargos de chefia

Mercado de trabalho, 120 anos depois da Lei Áurea, oferece oportunidades restritas de ascensão na hierarquia das empresas

Preconceito e acesso limitado à educação são apontados como grandes barreiras para os negros, que são 49,5% da população

DENYSE GODOY
DA REPORTAGEM LOCAL

Quem olha ao redor no seu ambiente de trabalho constata que há muito poucos colegas negros. Chefes, então, são raríssimos. Se não surpreendem, por mostrarem uma realidade facilmente perceptível, os números a respeito da presença de negros em cargos de nível executivo nas maiores companhias brasileiras -apenas 3,5%, segundo pesquisa do Ibope com o Instituto Ethos- chamam a atenção para um cenário que empresas e profissionais se acostumaram a tratar com naturalidade. Mas os negros são 49,5% da população do país.

"Eis o resumo da história desde a Lei Áurea, que depois de amanhã completa 120 anos. Mantivemos intacta uma estrutura excludente e discriminatória com base na cor da pele. O topo da hierarquia das firmas não é diferente de outros lugares de prestígio e status na nossa sociedade", diz José Vicente, presidente da ONG Afrobras e reitor da Unipalmares (Universidade da Cidadania Zumbi dos Palmares).

[...]

Para as mulheres negras, a situação é ainda mais cruel, já que elas sofrem um duplo preconceito. De acordo com o levantamento Ibope/Instituto Ethos, feito em 2007, não chega a 0,5% a porcentagem de negras em cargos executivos. "As que rompem as barreiras não conseguem se incluir no cotidiano. É muito grave", frisa Eliana Maria Custódio, coordenadora-executiva do Geledés (Instituto da Mulher Negra).

[...]

Na opinião dos especialistas, uma das explicações para o fato de os negros não alcançarem postos mais altos dentro das corporações é o seu limitado acesso a educação básica e superior de qualidade, o que os impede de entrar nas empresas em qualquer tipo de posto. Comparando com outros candidatos, que estudaram em escola particular, cursaram universidades de elite e aprenderam vários idiomas, eles ficam em enorme desvantagem.

[...] O Brasil não pode ser um país multicultural para quem vê de fora e branco por dentro.

Folha de S. Paulo, 11 mai. 2008.
Disponível em: <http://www1.folha.uol.com.br/fsp/dinheiro/fi1105200802.htm>. Acesso em: set. 2012.

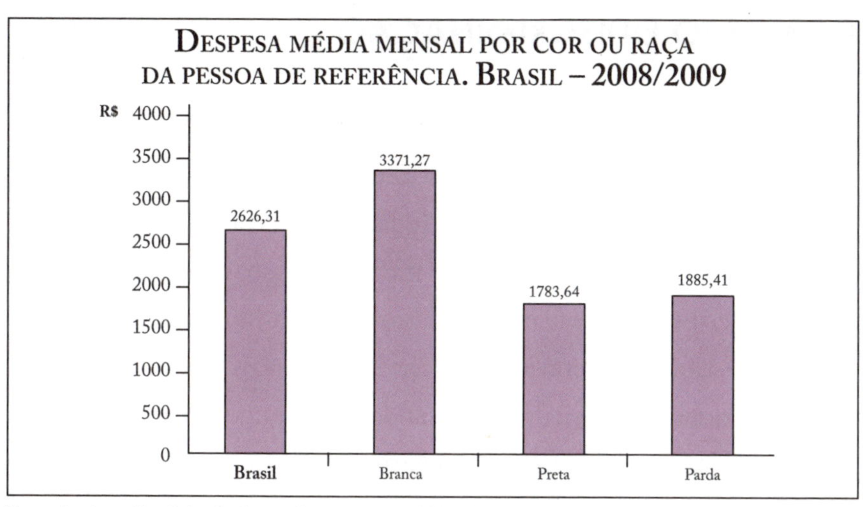

Fonte: Instituto Brasileiro de Geografia e Estatística (IBGE).

POPULAÇÃO OCUPADA, SEGUNDO RAMO DE ATIVIDADE, POR COR (%). BRASIL – 2001

Ramos de atividade	Branca	Preta	Parda
Agrícola	16,1	17,5	27,5
Indústria de transformação	14,1	11,2	10,1
Indústria da construção	5,3	10,0	7,7
Outras atividades industriais	1,0	1,3	1,3
Comércio de mercadorias	15,6	11,4	12,7
Prestação de serviços	18,9	27,2	20,9
Serviços auxiliares da atividade econômica	5,6	3,2	2,7
Transporte e comunicação	4,4	4,0	3,9
Social	11,5	8,4	7,7
Administração pública	5,2	4,4	4,3
Outras atividades, mal definidas ou não declaradas	2,3	1,3	1,1
Total	100,0	100,0	100,0

Fonte: Instituto Brasileiro de Geografia e Estatística, Pesquisa Nacional por Amostragem de Domicílio (IBGE – PNAD), 2001. Disponível em: <http://www.ibge.gov.br>. Acesso em: set. 2012.

PRECONCEITO E DISCRIMINAÇÃO

Os dados apresentados anteriormente mostram a desigualdade racial existente no país e nos levam a problematizar a ideia de democracia racial. Esse debate é da maior importância em uma sociedade em que a maioria da população admite a existência do racismo, mas, ao mesmo tempo, não se declara racista. A questão do racismo no Brasil está diretamente ligada ao passado escravocrata, no qual, para justificar a escravidão do africano, o negro foi colocado em um lugar de inferioridade na sociedade, passando a ser tratado como uma coisa ou mercadoria. A histórica exploração dos negros e pardos na condição de escravos por mais de trezentos anos e a mestiçagem deixaram marcas profundas na sociedade brasileira e fizeram com que, passados mais de cem anos da abolição, ainda hoje resquícios de uma mentalidade racista persistam, embora com menor força.

A mestiçagem deu à nossa sociedade um aspecto único, singular no mundo. A identificação da população branca, parda, negra, amarela ou indígena no Brasil, de acordo com o IBGE, é feita da autodeclaração, não cabendo qualquer imposição por critérios de **fenótipo** ou **genótipo**. O número de brasileiros que se autodeclararam pardos pulou de 21,2% em 1940 para 38,5% em 2000. Em compensação, 63,4% da população se autodeclarava branca em 1940 e esse número caiu para 53,7%, sessenta anos depois. Também reduziu-se o número de brasileiros que se autodeclararam pretos: de 14,6% para 6,2%. Somados, os que se declaram negros ou pardos totalizaram 44,7% da população em 2000. Esses dados nos permitem concluir, por um lado, que o processo de miscigenação da população brasileira é contínuo e se mantém ao longo do tempo. Por outro lado, embora em menor proporção, a maioria da sociedade ainda se considera branca. A questão da autodeclaração envolve aspectos culturais que muitas vezes refletem ideias e preconceitos interiorizados por séculos pela sociedade, interferindo na percepção que os

fenótipo: conjunto de caracteres visíveis do genótipo de uma pessoa.
genótipo: características genéticas de uma pessoa.

indivíduos têm de si mesmos. Nesse sentido, um número muito reduzido de brasileiros se reconhecem como negros, tendo em vista que historicamente esse grupo foi alvo de grandes preconceitos.

PESQUISA MOSTRA QUE COR DE CELEBRIDADES REVELA CRITÉRIOS "RACIAIS" DO BRASIL

Laura Capriglione

Uma espécie de daltonismo acometeu os 2.982 entrevistados pelo Datafolha quando lhes foi perguntado que cor atribuíam a 11 celebridades nacionais. Exemplo dessa confusão observou-se a respeito da cor do jogador Ronaldo Fenômeno, autodeclarado branco. "Acho que todos os negros sofrem. Eu, que sou branco, sofro com a ignorância", disse o craque em 2005 a respeito de episódios de racismo no futebol espanhol. Não convenceu a maioria dos entrevistados – ao menos sobre sua brancura. Para 64%, ele é preto ou pardo. Apenas 23% concordaram com o atleta e disseram-no branco.

Valter Campanato/ABr

O jogador de futebol Ronaldo "Fenômeno".

"Quando se pede para atribuir cores a celebridades, é óbvio que os entrevistados não responderam apenas sobre a pigmentação da pele. Compõem as respostas critérios de qualificação intelectual, os papéis que a pessoa desempenha na sociedade, como ela quer ser vista. No caso de atores, entram em questão até mesmo os personagens a que eles eventualmente deram vida", avalia o historiador Luiz Felipe de Alencastro, professor na Universidade de Paris 4.

[...]

Filha do ator negro Antonio Pitanga, a atriz Camila Pitanga define-se como negra, categoria que muitas vezes é sinônimo de afrodescentente. No caso dela, 27% dos entrevistados cravaram a cor preta, contra 36% que a declararam parda.

Darcio Tutak/LatinContent/Getty Images

A atriz Camila Pitanga.

Outra atriz (também autodeclarada negra), Taís Araújo, foi reconhecida como preta por 54% dos entrevistados – o dobro do obtido por Pitanga. "Eu tenho cabelo crespo. Depois, tem os personagens que fiz, como a Xica da Silva e a Preta, protagonista da novela 'Da Cor do Pecado'. A Camila tem o cabelo mais liso", analisa.

"Desde os caçadores de escravos fugidos, o critério para saber se se tratava de negro ou de índio era o cabelo", explica Alencastro.

O professor Ronaldo Vainfas, da Universidade Federal Fluminense, concorda: "Veja o [ex-jogador] Romário, por exemplo. A maioria disse que ele é pardo (51%), contra 31% que acharam que ele é preto. Do ponto de vista estrito da cor, ele é das celebridades mais 'enegrecidas' da lista apresentada aos entrevistados. Mas o cabelo não é o típico, daí o fato de o pardo ter prevalecido. Já o Ronaldo é até brancarrão, mas o cabelo o denuncia. Por isso, ele raspava a cabeça. Não tem jeito, no fim, fica o bordão 'O teu cabelo não nega, mulata'".

[...]

Folha de S.Paulo, 23 nov. 2008. Disponível em: <www1.folha.uol.com.br/folha/brasil/ult96u470658.shtml>. Acesso em: ago. 2012.

LUTAS E CONQUISTAS DOS NEGROS

Recentemente, com avanços obtidos pelo movimento negro no sentido de valorizar as tradições culturais **afro-brasileiras**, tem aumentado a consciência da sociedade acerca da miscigenação.

A adoção de **políticas públicas afirmativas** que visam reconhecer e minimizar as desigualdades raciais existentes no país contribui também para o aumento do número de pessoas que se reconhecem como pardas.

afro-brasileiras: relativas à nossa matriz africana.
políticas afirmativas: são políticas que pretendem reparar as desigualdades socioeconômicas de que padecem determinados grupos sociais. Um exemplo são as cotas raciais ou socioeconômicas estabelecidas para vagas em universidades públicas.

A história do movimento negro no Brasil é longa e marcada por importantes conquistas. Desde o século XIX a luta pela abolição e, posteriormente, pela melhor inserção dos negros na sociedade brasileira mobilizou intelectuais, profissionais liberais e trabalhadores, negros ou não, que se manifestavam pela formação de associações ou agremiações políticas, artísticas e culturais e da criação da chamada *imprensa negra*, responsável pela publicação de jornais e revistas voltados para tratar as questões da população negra.

A partir da década de 1930, com a formação de diversas entidades de defesa dos negros, sendo a principal delas a Frente Negra Brasileira, o movimento ganhou uma importância política maior ao reunir milhares de participantes e ampliar sua atuação fundando escolas, grupos teatrais, oferecendo aos associados apoio jurídico, médico e odontológico, dentre outros serviços. Com o golpe de 1937 e o estabelecimento do Estado Novo, a Frente Negra Brasileira, assim como outros movimentos de organização da sociedade civil, foi extinta e a luta contra o racismo só pôde ser retomada oficialmente após o fim da ditadura de Vargas, em 1945.

Durante o período democrático – de 1946 a 1964 – o movimento negro se fortaleceu com a formação de importantes grupos, dentre os quais se destacam a União dos Homens de Cor (UHC) e o Teatro Experimental do Negro (TEN), liderado por Abdias do Nascimento. Longe de se restringir à atividade teatral, o TEN deu maior visibilidade à luta contra o racismo conscientizando a população negra da necessidade de lutar por seus direitos civis, pela aprovação de leis antidiscriminatórias no país.

A luta do movimento negro contemporâneo, revitalizado a partir da década de 1970, no contexto de reorganização dos movimentos sociais e de luta pela democratização do país, se destaca pela ideia de reparação das injustiças históricas sofridas pela população afrodescendente no país, reparação esta que se daria pelo combate às desigualdades raciais.

Um marco importante da história das conquistas do movimento negro foi a aprovação, em 1989, da lei Caó, que reconheceu o preconceito racial como **crime inafiançável**, passível de prisão.

A aprovação das cotas raciais e sociais para ingresso nas principais universidades públicas do país é a mais conhecida, mas não a única política pública afirmativa defendida pelo movimento negro e adotada pelo governo brasileiro na última década com o intuito de acelerar a integração social dos grupos que sofrem discriminação racial.

A aprovação da lei nº 11.645, em 10 março de 2008, que torna obrigatório o ensino de história e cultura da África e do negro no Brasil é mais uma ação afirmativa no sentido de valorizar e reforçar a matriz africana de nossa cultura.

crime inafiançável: aquele no qual o acusado não pode obter liberdade provisória por meio de pagamento de fiança. São crimes inafiançáveis, dentre outros: tortura, tráfico de drogas, terrorismo, racismo e os considerados crimes hediondos.

Altera a Lei nº 9.394, de 20 de dezembro de 1996, modificada pela Lei 10.639, de 9 de janeiro de 2003, que estabelece as diretrizes e bases da educação nacional, para incluir no currículo oficial da rede de ensino a obrigatoriedade da temática "História e Cultura Afro-Brasileira e Indígena".

O PRESIDENTE DA REPÚBLICA Faço saber que o Congresso Nacional decreta e eu sanciono a seguinte Lei:

Art. 1º O art. 26-A da Lei 9.394, de 20 de dezembro de 1996, passa a vigorar com a seguinte redação:

Art. 26-A. Nos estabelecimentos de ensino fundamental e de ensino médio, públicos e privados, torna-se obrigatório o estudo da história e cultura afro-brasileira e indígena.

§ 1º O conteúdo programático a que se refere este artigo incluirá diversos aspectos da história e da cultura que caracterizam a formação da população brasileira, a partir desses dois grupos étnicos, tais como o estudo da história da África e dos africanos, a luta dos negros e dos povos indígenas no Brasil, a cultura negra e indígena brasileira e o negro e o índio na formação da sociedade nacional, resgatando as suas contribuições nas áreas social, econômica e política, pertinentes à história do Brasil.

§ 2º Os conteúdos referentes à história e cultura afro-brasileira e dos povos indígenas brasileiros serão ministrados no âmbito de todo o currículo escolar, em especial nas áreas de educação artística e de literatura e história brasileiras. (NR)

Art. 2º Esta Lei entra em vigor na data de sua publicação.

Brasília, 10 de março de 2008; 187º da Independência e 120º da República.

LUIZ INÁCIO LULA DA SILVA

Fernando Haddad

Este texto não substitui o publicado no DOU de 11.3.2008.

DIA DA CONSCIÊNCIA NEGRA

A criação desta data, 20 de novembro, foi importante, pois serve como um momento de conscientização e reflexão sobre a importância da cultura e do povo africano na formação da cultura nacional. Os negros africanos colaboraram muito, durante nossa história, nos aspectos econômicos, políticos, sociais, culturais e religiosos de nosso país. É um dia que devemos comemorar nas escolas, nos espaços culturais e em outros locais, valorizando a cultura afro-brasileira. A abolição da escravatura, de forma oficial, só veio em 1888. Porém, os negros sempre resistiram e lutaram contra a opressão e as injustiças advindas da escravidão. Vale dizer também que sempre ocorreu uma valorização dos personagens históricos de cor branca. Como se a história do Brasil tivesse sido construída somente pelos europeus e seus descendentes. Imperadores, navegadores, bandeirantes, líderes militares entre outros foram sempre considerados heróis nacionais. Agora temos a valorização de um líder negro em nossa história e, esperamos, que em breve outros personagens históricos de origem africana sejam valorizados por nosso povo e por nossa história. Passos importantes estão sendo tomados nesse sentido, pois nas escolas brasileiras já é obrigatória a inclusão de conteúdos que visam estudar a história da África e a cultura afro-brasileira. Vimos um filme dentro da própria escola onde nos mostravam a verdadeira face da África e que tocou os nossos corações e vimos que os povos africanos têm necessidades como nós brasileiros, que sofreram e sofrem com a exploração das grandes potências.

Todo ser humano nasce com direito à vida e à felicidade e esse direito tem sido roubado dos nossos "irmãos" africanos desde o momento em que foram escravizados até hoje quando enfrentam a miséria, a violência e a discriminação.

Estamos hoje aqui refletindo e valorizando as nossas raízes africanas, descobrindo e valorizando a nossa afrodescendência na medida em que somos a segunda maior população negra do mundo e uma morenice deslumbrante.

Ser brasileiro é antes de tudo ser bravo, corajoso, heroico e valente para conquistar o pão de cada dia com honestidade e construir uma nação justa onde a felicidade seja um direito de todos e a discriminação, seja qual for, extirpada, e assim estaremos realizando o sonho de ZUMBI, um herói brasileiro... VIVA ZUMBI E O SEU SONHO QUE É O NOSSO SONHO...

Esse texto foi uma conclusão da pesquisa da aluna Bruna de Souza, da 2ª série do Ensino Médio, com a participação de Maria de Fátima Costa, em 2008, no Colégio Estadual Círculo Operário – Ceco, Xerém, Duque de Caxias (RJ).

Alguns brasileiros que se destacam na luta pela maior inserção do negro na sociedade

Lélia Gonzales

Intelectual, política, professora e antropóloga brasileira nascida em Belo Horizonte, Minas Gerais, histórica no movimento feminista brasileiro, por sua luta no combate à violência contra a mulher, notadamente a violência sexual e doméstica. Filha de um ferroviário negro e mãe de origem indígena, e penúltima de dezoito irmãos, migrou para o Rio de Janeiro (1942). Pioneira nos cursos sobre Cultura Negra, com destaque para o 1º Curso de Cultura Negra na Escola de Artes Visuais no Parque Lage, doutorou-se em Antropologia Social, em São Paulo, e dedicou-se a pesquisas sobre a temática de gênero e etnia. Militante do movimento negro teve fundamental atuação em defesa da mulher negra.

Januario Garcia

Lélia Gonzales.

Foi suplente de deputado federal (1982) e de deputado estadual (1986). Participou da primeira composição do Conselho Nacional dos Direitos da Mulher, o CNDM (1985-1989). Grande incentivadora das tradições afro-brasileiras foi uma das fundadoras do grupo Olodum, de Salvador, Bahia. Atuou nas universidades brasileiras por mais de 30 anos, até seu falecimento aos 59 anos, no Rio de Janeiro, vítima de problemas cardíacos.

Edison Carneiro

Academia Brasileira de Literatura de Cordel

Nascido em Salvador (BA), e formado em Ciências Jurídicas, viveu no Rio de Janeiro desde 1939, onde trabalhou como jornalista, ensaísta e professor, sempre voltado para as questões que tocavam a brasilidade e o popular.

Etnólogo, folclorista, historiador, foi um dos mais destacados pesquisadores da cultura popular, tendo participado de movimentos que visavam ao conhecimento e valorização do folclore nacional.

Dentre as instituições em que atuou, destacam-se, além de várias universidades brasileiras, o Conselho Nacional de Folclore, a Comissão Nacional de Folclore, vinculada à Unesco, e entidades internacionais como as Sociedades de Folclore do México, Argentina e Peru.

Edison Carneiro foi presidente de honra de diversas agremiações carnavalescas, entre elas as escolas de samba Portela, Salgueiro, Mangueira, no Rio de Janeiro, e o Afoxé Filhos de Gandhi, em Salvador. O Museu de Folclore tem seu nome desde 1976, numa homenagem pela atuação fundamental para a história da instituição. Edison Carneiro foi um dos inspiradores da Campanha de Defesa do Folclore Brasileiro (CDFB), criada em 1958.

Abdias do Nascimento

Fernando Rabelo/Folha Imagem

Nasceu em 1914 na cidade de Franca, em São Paulo; foi ator, diretor e dramaturgo. Sua vida é uma história de luta contra a discriminação racial e pela valorização da cultura negra, sendo responsável pela criação do Teatro Experimental do Negro – TEN – em 1944, primeira companhia de teatro brasileiro a dar espaço para o artista afrodescendente. Inicia na militância política na década de 1930, quando integra a Frente Negra Brasileira.

Em 1968 abandona o país em função da perseguição política e fica no exílio até 1981, onde dá aulas e faz conferências. Escreve vários livros nos quais denuncia a discriminação racial. Já no Brasil, assume cargos de Deputado Federal e Senador da República pelo PDT, sempre reivindicando um lugar para a cultura negra na sociedade.

Milton Santos

Stela Alves/Folhapress

Nascido na região da Chapada Diamantina, estado da Bahia, pertencia a uma família de classe média pois seus pais eram professores primários.

Cursou a faculdade de direito na Universidade Federal da Bahia, formando-se em 1948.

Foi professor em Salvador na Faculdade Católica de Filosofia e responsável pelo editorial do jornal *A Tarde* e depois em Ilhéus onde publicou seu primeiro livro, *A zona do cacau*, sobre a monocultura da região. Ainda em Salvador publicou mais de uma centena de artigos de geografia. Em 1956, convidado pelo professor Jean Tricart, foi para Estrasburgo, na França, para fazer o doutorado. Após terminar o doutorado retornou ao Brasil e no final dos anos 1950 entrou na Universidade Federal da Bahia como professor. Durante a ditadura militar, foi preso e depois exilado. No tempo em que viveu na França lecionou na Universidade de Toulouse e na universidade da cidade de Bordeaux.

Estudou e trabalhou em universidades no Peru, na Venezuela e nos EUA. Neste último país, entre 1975 e 1976, foi pesquisador no Massachusetts Institute of Technology (MIT). Retornou ao Brasil em 1977 e em 1984 obteve o cargo de professor titular na Universidade de São Paulo. Morreu aos 75 anos.

Nei Lopes

Nasceu em 9 de maio de 1942 na cidade do Rio de Janeiro, formou-se em Direito e Ciências Sociais pela Universidade Federal do Rio de Janeiro (UFRJ).

Compositor, cantor, poeta, sambista, pesquisador e escritor, Nei Lopes é uma referência da cultura e da arte no Brasil. Considerado um intelectual dos mais atuantes, publicou livros a respeito da importância da África na formação sociocultural brasileira e livros contra o racismo.

Felipe Varanda/Folhapress

Nei Lopes.

Clovis Moura

Nasceu em 1925 no município de Amarante, foi sociólogo, jornalista, historiador e escritor; autor de importantes livros sobre a escravidão.

Iniciou sua vida de militância no Partido Comunista Brasileiro e tempos depois no movimento negro, onde teve uma importante atuação. Escreveu artigos para jornais da Bahia e de São Paulo. Morreu em São Paulo, em 2003.

Antônio Cruz/ABr

Joaquim Barbosa.

Joaquim Barbosa

Nasceu em Paracatu, noroeste de Minas Gerais. Filho de um pedreiro com uma dona de casa, desde cedo teve de trabalhar para ajudar a família quando seus pais separaram-se. Mudou-se para Brasília aos 16 anos, onde conseguiu trabalho na gráfica do *Correio Braziliense* e terminou seus estudos no colégio público. Formou-se em bacharel de Direito na Universidade de Brasília, onde fez seu mestrado em Direito do Estado.

De 1976 até 1979 foi Oficial de Chancelaria do Ministério das Relações Exteriores na Embaixada do Brasil em Helsinki, na Finlândia, e, de 1979 até 1984, foi Advogado do Serviço Federal de Processamento de Dados – Serpro.

Fez concurso público para procurador da República, e foi aprovado. Em 1990 terminou o mestrado em Direito Público na Universidade de Paris-II (Panthéon-Assas), e em 1993 finalizou o doutorado em Direito Público na mesma instituição. Retornou ao cargo de procurador no Rio de Janeiro após uma licença de quatro anos para estudar na França; prestou concurso e foi aprovado para o cargo de professor da Universidade do Estado do Rio de Janeiro.

Fala fluentemente quatro línguas estrangeiras: francês, inglês, alemão e espanhol. Foi *visiting scholar* no Human Rights Institute da faculdade de direito da Universidade Columbia em Nova York (1999 – 2000) e na Universidade da Califórnia Los Angeles School of Law (2002 – 2003).

Foi nomeado ministro do Supremo Tribunal Federal do Brasil desde 25 de junho de 2003, o único negro nesse cargo.

Gilberto Gil

Nasceu em Salvador e já desde sua infância interessava-se pela música ouvindo Orlando Silva e Luiz Gonzaga. Aos nove anos aprendeu a tocar acordeom, e, bem mais velho, passou a tocar violão.

Cursou a faculdade de administração de empresas e mudou-se para São Paulo, onde trabalhou na empresa Gessy-Lever. Em 1967 deixou o emprego e assinou contrato com a Philips, que lançou seu primeiro LP, *Louvação*.

Gilberto Gil é um ícone da música brasileira, reconhecido mundialmente, o que lhe rendeu no exterior um Grammy na categoria Melhor Disco de World Music, em 1998, e um Grammy Latino, em 2003.

No Rio de Janeiro, participou de vários festivais da Record e da TV Rio e chegou a ter seu próprio programa na TV Excelsior, o *Ensaio Geral*.

Junto com Caetano Veloso foi um dos precursores do tropicalismo, movimento musical que tinha uma preocupação com a questão social do país. Em 1969 foi para o exílio, não dando tempo para a força de repressão militar, que o havia considerado "subversivo", prendê-lo. Viveu na Inglaterra até 1972, ano que voltou ao Brasil.

Fábio Rodrigues Pozzebom/ABr

Gilberto Gil.

Ao longo de todos esses anos Gilberto Gil produziu dezenas de músicas, com e sem parcerias, abordando temas diversos que, em sua maioria, estão voltados para as questões sociais e raciais.

Ingressou na vida política e entre 1989 a 1992 foi vereador na Câmara Municipal de Salvador pelo Partido Verde. Em 2 de janeiro de 2003, a convite do presidente, tomou posse no cargo de Ministro da Cultura, onde ficou até julho de 2008, quando saiu para dedicar-se à carreira artística.

Solano Trindade

Filho do sapateiro Manuel Abílio Trindade, nasceu em Recife, em 24 de julho de 1908, e morreu no Rio de Janeiro, em 19 de fevereiro de 1974.

Era poeta e, segundo Carlos Drummond de Andrade, foi o maior poeta negro que o Brasil já conheceu; era também ator, pintor, cineasta e o criador, junto com Abdias do Nascimento, do Teatro Experimental do Negro.

Mudou-se para o Rio de Janeiro nos anos 1940 e logo depois para São Paulo, onde passou a maior parte de sua vida no convívio de artistas e intelectuais.

J. Marques/Acervo UH/Folhapress

Solano Trindade

No ano de 1934 idealizou o I Congresso Afro-Brasileiro no Recife, Pernambuco, e participou, em 1936, do II Congresso Afro-Brasileiro em Salvador, Bahia.

Em 1950, fundou, com opoio do sociólogo Edison Carneiro, o Teatro Popular Brasileiro (TPB). Em 1955 criou o Brasiliana, grupo de dança brasileira que bateu recorde de apresentações no exterior. No teatro, foi Solano Trindade quem primeiro encenou (1956) a peça *Orfeu*, de Vinicius de Moraes, depois transformada em filme pelo francês Marcel Camus.

Todo o trabalho de Solano Trindade (quer em teatro, dança, cinema ou literatura) tinha como características marcantes o resgate da arte popular e, sobretudo, a luta em prol da independência cultural do negro no Brasil.

Conhecido e reconhecido internacionalmente, conquistou prêmios no exterior.

Carlos Alberto de Oliveira (Caó)

Filho da costureira Martinha Oliveira dos Santos e do marceneiro Themistocles Oliveira dos Santos, nasceu em Salvador, na Bahia, em 24 de novembro de 1941.

Iniciou sua militância política na adolescência, na associação de moradores do bairro onde vivia então, participou ativamente no movimento estudantil, eleito presidente da União Estadual dos Estudantes da Bahia, em 1963, chegando a vice-presidente da União Nacional dos Estudantes.

Durante a Ditadura Militar, foi preso e depois de seis meses foi libertado por decisão do Superior Tribunal Militar.

Em 1967, formou-se advogado pela Faculdade Nacional de Direito.

Aprovada a Constituição, em 1988, quando era então deputado federal apresentou o projeto de lei nº 688, que deu origem à lei nº 7.716/1989, conhecida como lei Caó.

A lei Caó classifica o racismo e o impedimento de acesso a serviços diversos por motivo de raça, cor, sexo, ou estado civil como crime inafiançável, punível com prisão de até cinco anos e multa. Ou seja, essa lei caracterizou o racismo como crime, com pena de prisão.

Folhapress

Carlos Alberto de Oliveira (segundo da esq. para dir.), presidente da União Estadual dos Estudantes (UEE), durante reunião, em São Paulo, em 1981.

Até então, o racismo era considerado pela legislação brasileira apenas uma contravenção penal, com punições mais leves.

ÁFRICA HOJE: INDICADORES SOCIOECONÔMICOS DOS PAÍSES AFRICANOS

PAÍS	POPULAÇÃO (MIL)	ÁREA (MIL KM2)	PIB (MILHÕES US$)	CAPITAL	ANO DE INDEPENDÊNCIA	EX-METRÓPOLE	IDIOMA OFICIAL	IDH
África do Sul	50.738	1.219	578.640	Pretória	1910	Inglaterra	Inglês	0,629 (121)
Angola	20.163	1.247	126.214	Luanda	1975	Portugal	Português	0,508 (148)
Argélia	36.486	2.382	274.496	Argel	1962	França	Árabe	0,713 (93)
Benim	9.352	115	15.505	Porto Novo	1960	França	Francês	0,436 (166)
Botsuana	2.053	582	31.491	Gabarone	1966	Inglaterra	Inglês	0,634 (119)
Burkina-Faso	17.482	274	24.027	Uagadugu	1960	França	Francês	0,343 (183)
Burundi	8.749	28	5.489	Bujuumbura	1962	Bélgica	Francês	0,355 (178)
Cabo-Verde	505	4	2.175	Praia	1975	Portugal	Português	0,586 (132)
Camarões	20.469	475	50.324	Iaundê	1960	França	Francês	0,495 (150)
Chade	11.831	1.284	21.335	Ndjamena	1960	França	Francês	0,340 (184)
Rep. Centro-Africana	4.576	623	3.847	Bangui	1960	França	Francês	0,352 (180)
Comores	773	2	872	Moroni	1975	França	Francês	0,429
Congo – Rep. Dem.	69.575	2.345	27.533	Kinshasa	1960	Bélgica	Francês	0,304 (186)
Congo – Rep. do	4.233	342	19.267	Brazzaville	1960	França	Francês	0,534 (142)
Costa do Marfim	20.595	322	39.635	Yamoussoukro	1960	França	Francês	0,432 (168)
Egito	83.958	1.001	537.758	Cairo	1922	Inglaterra	Árabe	0,662 (112)
Djibuti	923	23	2.377	Djibuti	1977	França	Francês	0,445 (164)
Eritreia	5.581	118	4.412	Asmara	1993	Etiópia	Árabe	0,351 (181)

Etiópia	86.539	1.104	103.138	Adis-Abeba	——	——	Amárico	0,396 (173)
Gabão	1.564	268	26.711	Libreville	1960	França	Francês	0,683 (106)
Gâmbia	1.825	11	3.495	Banjui	1965	França	Francês	0,439 (165)
Gana	25.546	239	83.176	Acra	1957	Inglaterra	Inglês	0,558 (135)
Guiné (Conacri)	10.481	246	12.250	Conacri	1958	França	Francês	0,355 (178)
Guiné-Bissau	1.580	36	1.902	Bissau	1974	Portugal	Português	0,364 (176)
Guiné-Equatorial	740	28	28.029	Malabo	1968	Espanha	Espanhol	0,554 (136)
Lesoto	2.217	30	3.945	Maseru	1966	Inglaterra	Inglês	0,461 (158)
Libéria	4.245	111	2.693	Monróvia	1847	——	Inglês	0,388 (174)
Líbia	6.649	1.760	87.913	Trípoli	1951	Ingl/Fran	Árabe	0,769 (64)
Madagascar	21.929	587	21.372	Antananarivo	1960	França	Francês	0,483 (151)
Malaui	15.883	118	14.581	Lilongüe	1964	Inglaterra	Inglês	0,418 (170)
Mali	16.319	1.240	17.355	Bamaco	1960	França	Francês	0,344 (182)
Marrocos	32.599	447	170.953	Rabat	1956	França	Árabe	0,591 (130)
Maurício	1.314	2	20.259	Port Louis	1968	Inglaterra	Inglês	0,737 (80)
Mauritânia	3.623	1.031	7.615	Nuakchott	1960	França	Árabe	0,467 (155)
Moçambique	24.475	799	26.215	Maputo	1975	Portugal	Português	0,327 (185)
Namíbia	2.364	824	16.845	Windhoeck	1990	Áfr. do Sul	Inglês	0,608 (128)
Níger	16.644	1.267	13.530	Niamei	1960	França	Francês	0,304 (186)
Nigéria	166.629	924	450.535	Abuja	1960	Inglaterra	Inglês	0,471 (153)
Quênia	42.749	580	76.074	Nairobi	1963	Inglaterra	Inglês	0,519 (145)
Ruanda	11.272	26	14.908	Kigali	1962	Bélgica	Francês	0,434 (167)
Saara-Ocidental	——	——	——	El Auín	*	*	*	——
S. Tomé e Príncipe	172	1	403	São Tomé	1975	Portugal	Português	0,525 (144)

* Saara Ocidental: território sob ocupação marroquina, aguardando referendo da ONU.

Senegal	13.108	197	26.504	Dacar	1960	França	Francês	0,470 (154)
Serra Leoa	6.126	72	8.376	Freetown	1961	Inglaterra	Inglês	0,359 (177)
Seychelles	88	0.460	2.410	Vitória	1976	Inglaterra	Inglês	0,806 (46)
Somália	9.797	638	——	Mogadíscio	1960	Ing./Itália	Somali	——
Suazilândia	1.220	17	6.149	Mbabane	1968	Inglaterra	Inglês	0,536 (141)
Sudão	35.336	1.879	80.431	Cartum	1956	Ing./Egito	Árabe	0,414 (171)
Sudão do Sul	10.386	644	——	Juba	2005	Ing./Egito	Inglês	——
Tanzânia	47.656	947	73.498	Dodoma	1961	Inglaterra	Suaíli	0,476 (152)
Togo	6,283	57	6.899	Lomé	1960	França	Francês	0,459 (159)
Tunísia	10.705	164	104.413	Tunis	1956	França	Árabe	0,712 (94)
Uganda	35.621	242	50.591	Campaia	1962	Inglaterra	Inglês	0,456 (161)
Zâmbia	13.884	753	23.676	Lusaca	1984	Inglaterra	Inglês	0,448 (163)
Zimbábue	13.014	391	6.909	Harare	1980	Inglaterra	Inglês	0,397 (172)

Fontes: PEA – Perspectivas Econômicas da África, ONU. *Indicadores básicos, 2012*. Disponível em: <http://www.africaneconomicoutlook.org/po/dados-estatisticas/basic-indicators-2012/>. Acesso em ago. 2013.

PNUD, ONU. *Ranking do IDH Global, 2012*. Disponível em: <http://www.pnud.org.br/atlas/ranking/Ranking%20IDH%20Global%202012.html>. Acesso em ago. 2013.

INDICAÇÕES DE FILMES E LIVROS

Filmes

A árvore dos antepassados. Direção: Licínio Azevedo. Moçambique, 1995. O filme se passa em Moçambique e conta a história de refugiados da guerra civil.

A batalha de Argel. Direção: Gillo Pontecorvo. Itália, 1996. O filme retrata a guerra de libertação do povo argelino da dominação francesa.

A construção da igualdade – história da resistência negra no Brasil partes I e II. Um projeto do Centro de Articulação de Populações Marginalizadas Ceap. Direção: José Carlos Asbeg. Brasil, 2006. Documentário sobre a construção da identidade a partir de várias entrevistas e dados históricos da luta dos negros brasileiros.

A cor púrpura. Direção: Steven Spielberg. Estados Unidos, 1985. Em uma pequena cidade da Geórgia, em 1909, Celie (Whoopi Goldberg), uma jovem com apenas 14 anos de idade que foi violentada pelo pai, torna-se mãe de duas crianças. Além de perder a capacidade de engravidar, Celie imediatamente é separada dos filhos e da única pessoa no mundo que a ama, sua irmã, e é doada a "Mister" (Danny Glover), que a trata simultaneamente como escrava e companheira.

Abril sangrento. Direção: Raoul Peck. Estados Unidos/França, 2005. O drama acontece durante o massacre da milícia hutu contra os tutsis, iniciado em 7 de abril de 1994, depois que o avião do presidente hutu foi derrubado. As ruas de Ruanda são tomadas pela milícia e tem início uma verdadeira matança. Nesse cenário, o soldado Augustin Muganza (Idris Elba) e seu companheiro Xavier (Fraser James) desafiam as ordens superiores para salvar suas famílias. Augustin é preso e perde contato com a mulher e os filhos. Dez anos depois, agora solto, tenta reconstruir sua vida. Mas os fantasmas do passado ainda estão presentes.

África dos meus sonhos. Direção: Hugh Hudson. Estados Unidos, 2000. Kuki Gallmann (Kim Basinger) deixa sua casa na Itália e vai viver no Quênia juntamente com seu marido Paolo (Vincent Pérez) e seu filho Emanuele (Eva Marie Saint). Lá, Kuki logo descobre que viver na África rural não é um conto de fadas. Elefantes selvagens e leões famintos rondam suas terras, tempestades destroem tudo ao seu alcance e nativos são mortos por terem se arriscado demais junto aos animais.

Amistad. Direção: Steven Spielberg. Estados Unidos, 1997. Dezenas de escravos negros se libertam das correntes e assumem o comando do navio de tráfico de escravos *La Amistad*, em 1839, na costa de Cuba, que é capturado por um navio americano, na costa de Connecticut. Os africanos são inicialmente julgados pelo assassinato da tripulação, mas o caso toma vulto e o presidente americano Martin van Buren (Nigel Hawthorne), que sonha ser reeleito, tenta a condenação dos escravos, pois agradaria aos estados do sul e também fortaleceria os laços com a Espanha, pois a jovem Rainha Isabella II (Anna Paquin) alega que tanto os escravos quanto o navio são seus e devem ser devolvidos.

Diamante de sangue. Direção: Edward Zwick. Estados Unidos, 2006. Serra Leoa, no final da década de 1990, está em plena guerra civil; nesse cenário, o pescador Solomon Vandy (Djimon Hounsou) é raptado de sua aldeia e levado para trabalhar em um campo de mineração de diamantes. Lá, ele encontra um diamante cor-de-rosa e por conta disso se aproxima de traficantes de diamantes.

Distrito 9. Direção: Neill Blomkamp. África do Sul, 2009. O filme é sobre uma nave alienígena que vai parar na cidade de Joanesburgo, na África do Sul, e seus tripulantes acabam isolados em um gueto, submetidos à violência da polícia local. O filme traça um paralelo com o *apartheid.*

...E o vento levou. Direção: Victor Fleming. Estados Unidos, 1939. O filme conta a história da família de um imigrante irlandês que se tornou um rico fazendeiro do sul dos Estados Unidos, pouco antes da Guerra Civil Americana.

Em minha terra. Direção: John Boorman. Estados Unidos, 2004. Na África do Sul, o governo de Nelson Mandela cria a Comissão da Verdade e Reconciliação para apurar os crimes brutais que aconteceram durante o período do *apartheid*, lei segregacionista criada pelos governos brancos daquele país.

Entre dois amores. Direção: Sydney Pollack. Estados Unidos, 1985. O filme traz a história de uma dinamarquesa que compra uma fazenda de café no Quênia, colônia da Inglaterra naquela época.

Hotel Ruanda. Direção: Terry George. Estados Unidos, 2004. O longa é sobre o conflito em Ruanda, em 1994, que levou à morte de quase um milhão de pessoas em apenas cem dias. Sem apoio dos Estados Unidos e dos países europeus, os ruandenses tiveram de buscar saídas em seu próprio cotidiano para sobreviver.

Kiriku e a feiticeira. Direção: Michel Ocelot. França, 1998. Na África Ocidental nasce um menino minúsculo que enfrentou uma malvada feiticeira, a qual, além de ter secado a fonte d'água da aldeia de Kiriku, engoliu todos os homens que foram enfrentá-la e ainda pegou todo o ouro da aldeia.

Lugar nenhum da África. Direção: Caroline Link. Alemanha, 2001. O filme apresenta a história de uma família alemã que vai viver no Quênia, na África, em 1938, pouco antes de estourar a Segunda Guerra Mundial.

Mandela – luta pela liberdade. Direção: Bille August. Alemanha, 2007. O longa é sobre a relação inicialmente preconceituosa e depois de respeito e admiração de um carcereiro branco da África do Sul com Nelson Mandela, quando este ficou preso durante o *apartheid*.

Montanhas da lua. Direção: Bob Rafelson. Estados Unidos, 1990. A película descreve a expedição de dois exploradores ingleses, em 1854, em busca da nascente do rio Nilo.

Nas montanhas dos gorilas. Direção: Michael Apted. Estados Unidos, 1988. A luta da antropóloga americana Dian Fossey (Sigourney Weaver), que em 1967 viajou para a África e durante vários anos em Ruanda se dedicou à preservação dos gorilas da montanha, ameaçados de extinção em razão da caça indiscriminada.

No balanço do amor. Direção: Thomas Carter. Estados Unidos, 2001. O filme conta a história de uma adolescente de 17 anos que sonha ser uma bailarina profissional, mas que tem sua vida alterada pela morte da mãe.

O céu que nos protege. Direção: Bernardo Bertolucci. Estados Unidos, 1990. Logo após o final da Segunda Guerra Mundial, um casal de americanos que vive em Nova York viaja para o continente africano. Intelectuais e casados há dez anos, esperam que as novas experiências que os aguardam lhes deem um novo rumo em suas vidas, fortalecendo a relação, que tem passado por algumas crises.

O elo perdido. Direção: Régis Wargnier. Estados Unidos, 2005. Na África central, em 1870, um antropólogo escocês atravessa a floresta tropical à procura de pigmeus. Ele acredita ter achado o "elo perdido" que faria a ponte evolucionária entre o homem e o primata.

O jardineiro fiel. Direção: Fernando Meirelles. Inglaterra, 2005. A história é sobre a morte de uma ativista em uma área remota do Quênia. Para desvendar o mistério que ronda o assassinato da esposa, seu marido inicia uma viagem que o levará por três continentes.

O último rei da Escócia. Direção: Kevin MacDonald. Inglaterra, 2006. O longa é sobre um recém-formado médico escocês que vai morar em Uganda, país que precisa muito de suas habilidades médicas. Lá, ele será o médico particular do presidente e presenciará as atrocidades praticadas por um dos mais terríveis ditadores do mundo.

Os deuses devem estar loucos. Direção: Jamie Uys. África do Sul, 1980. A história começa com uma garrafa de Coca-Cola atirada de um avião que cai próximo a uma aldeia africana. Os habitantes dessa aldeia acreditam ter sido um presente dos deuses, mas a garrafa acaba sendo causa de muitas confusões e um homem é escalado para devolvê-la aos deuses.

Pierre Verger – mensageiro entre dois mundos. Direção: Lula Buarque de Hollanda. Brasil, 1999. Documentário do diretor Lula Buarque e do roteirista Marcos Bernstein, que estiveram na África, França e Bahia em busca da trajetória do fotógrafo e etnógrafo francês Pierre Verger.

Tiros em Ruanda. Direção: Michael Caton-Jones. Inglaterra, 2006. A película é sobre um padre inglês e seu ajudante, que tentam fazer o que podem para ajudar a minoria tutsi, perseguida e exterminada pelo governo de maioria hutu em Ruanda, em 1994.

Tsotsi – infância roubada. Direção: Gavin Hood. Inglaterra, 2005. O filme apresenta a história de um adolescente de 19 anos de idade órfão, que vive em um gueto de Joanesburgo, na África do Sul, sem memória do seu passado e que tem na sobrevivência o seu principal objetivo de vida.

Livros

Adam Hochschild. **O fantasma do Rei Leopoldo.** A obra mistura relato jornalístico com trabalho de historiador do autor. Fruto de um intenso trabalho de pesquisa, talvez seja o principal livro conhecido sobre o reino belga no Congo.

Alberto da Costa e Silva. **A África explicada aos meus filhos.** Sobre os mistérios e a cultura africana que está presente no Brasil.

Alex Haley. **Negras raízes – a saga de uma família.** O autor conta a história de seus ancestrais, que viviam em um povoado do continente africano e foram para os Estados Unidos como escravos. O autor usa sua genealogia para traçar a história da escravidão por meio de suas "negras raízes".

Amadou Hampâté Bâ. **Amkoullel, o menino fula.** Livro autobiográfico de Amadou Hampâté Bâ, que nasceu em 1900 em Bandiagara, região das savanas da África do oeste, no atual Mali. Fez cursos sob a administração colonial francesa, obteve diplomas e ocupou cargos, porém foi fortemente marcado pela identidade nascida de suas raízes ancestrais. Dedicou-se, desde cedo, à coleta de narrativas e acabou por se transformar em mestre da transmissão oral e especialista no estudo das sociedades negro-africanas das savanas.

Ana Maria Gonçalves. **Um defeito de cor**. O livro conta a história de uma idosa africana que viaja da África para o Brasil em busca do filho.

Antônio Olinto. **A casa da água**. Primeiro volume da trilogia Alma da África, a obra traz a história de Catarina, que nasceu em Lagos, na Nigéria, e foi vendida pelo tio a um senhor brasileiro que morava em Piau, Minas Gerais. Apegada às lembranças de sua infância, ela carrega dentro de si um desejo ardente de voltar à sua terra natal. Após uma enchente que atinge Piau, Catarina, acompanhada pela filha Epifânia e pelos netos Mariana, Emília e Antônio, deixa a cidade e volta para a Nigéria.

______. **O rei de Keto**. Sequência de **A casa da água**, a história do livro se passa nos mercados de Benin, antigo Daomé. O romance acompanha as andanças da personagem principal, suas conversas, lembranças e seus pensamentos.

______. **Trono de vidro**. No último volume da trilogia, o autor conta a história da jovem Mariana, neta da velha Catarina.

Charles Nicholl. **Rimbaud na África – os últimos anos do poeta no exílio (1880-1891)**. O autor britânico traça um panorama de um período pouco abordado da vida de um dos maiores gênios literários da língua francesa: o poeta Arthur Rimbaud, pioneiro da poesia moderna e ídolo de ícones pop como Bob Dylan e Jim Morrison.

Chimamanda Ngozi Adichie. **Meio sol amarelo**. Esse livro, da autora nigeriana, ganhou o Orange Prize em 2007. A história tem como cenário a Guerra de Biafra, entre 1967 e 1970, uma tentativa de transformar Biafra em um estado independente da Nigéria.

Conselho Estadual dos Direitos da Mulher – Cedim. **Mulheres fluminenses do Vale do Paraíba histórias de luta e conquista da cidadania feminina**. Artigos sobre mulheres, livres e escravas, que se destacaram nos municípios do vale do rio Paraíba do Sul.

Eduardo Silva. **As camélias do Leblon e a abolição da escravatura – uma investigação de história cultural**. O livro trata do quilombo do Leblon.

Erik Calonius. **O último navio negreiro da América – a conspiração que levou os Estados Unidos à guerra civil**. Em novembro de 1858, um navio deslizou silenciosamente rumo ao litoral e desembarcou na Geórgia mais de 400 escravos africanos, 38 anos após a promulgação da lei que tornara ilegal o tráfico de escravos africanos nos Estados Unidos.

Ernest Hemingway. Verdade ao amanhecer. Nessa publicação póstuma, está retratada uma das fases da vida de Hemingway escrita pelo próprio.

Flávio Gomes. Palmares. Sobre o quilombo mais conhecido e mais duradouro da história.

Fred Majdalany. A batalha de El Alamein. El Alamein é um dos pontos culminantes da derrota alemã na Segunda Guerra Mundial, no deserto do norte da África.

Graham Greene. O cerne da questão. Publicado originalmente em 1948, acontece em um país africano que não é nomeado – mas que sabemos, pelas memórias de Greene, tratar-se de Serra Leoa, país da África Ocidental então sob domínio britânico.

Immaculée Ilibagiza e Steve Erwin. Sobrevivi para contar – o poder da fé me salvou de um massacre. Esse livro é a história de uma sobrevivente do genocídio, Immaculée, dos tutsis promovido pelos hutus em Ruanda, em 1994.

Isak Dinesen. Entre dois amores (A fazenda africana). Livro que originou o filme homônimo, é uma autobiografia sobre a permanência da autora, dinamarquesa, no Quênia, então colônia inglesa entre 1914 e 1931.

J. M. G. Le Clézio. O africano. O autor tenta capturar a enigmática figura do pai por meio das lembranças de uma infância ao mesmo tempo cheia de deslumbramentos, libertações e dureza. O livro é ilustrado por fotos do acervo pessoal do escritor, reforçando figuras fundamentais de sua memória afetiva.

José Eduardo Agualusa. As mulheres do meu pai. Faustino Manso, famoso compositor angolano, deixou, ao morrer, sete viúvas e 18 filhos. A mais nova destes, Laurentina, diretora de cinema e documentarista, tenta reconstruir a atribulada vida do falecido músico.

______. Manual prático de levitação. O livro possui 20 contos que levam o leitor ao mundo mágico de José Eduardo Agualusa, onde ficção e realidade podem se confundir ou não.

______. Nação crioula. A obra conta a história, que se desenrola entre 1868 e 1900, de um amor secreto entre um português, Carlos Fradique Mendes, e uma mulher que nasceu escrava, mas se transformou em uma das pessoas mais ricas e poderosas de Angola.

______. O vendedor de passados. A obra, um romance publicado em 2004, é uma imensa sátira política e social da Angola atual.

Joseph Ki-Zerbo. Para quando a África? Livro editado simultaneamente em Portugal, Brasil, Guiné e Moçambique, sob a chancela de editoras nacionais envolvidas no projeto Aliança Internacional de Editores Independentes. Essa é uma obra plena de uma África vivida e estudada durante décadas, rica de reflexões.

Josué Montello. Os tambores de São Luís. O livro retrata o ambiente cultural, o sistema político-econômico, o dia a dia das fazendas, as tensões e os enfrentamentos que marcaram as relações entre senhores e escravos.

Licínio Azevedo e Maria da Paz Rodriguez. Diário da libertação (A Guiné-Bissau da nova África). O livro é uma reflexão sobre a democratização e o conflito político vivenciados pela sociedade e pelos Estados guineense e moçambicano durante o processo de construção do Estado Nacional.

Lidia Chaib. Ogum, o rei de muitas faces. Além de contar histórias, o livro fala das origens do candomblé e discute aspectos de sua história social.

M. M. Kaye. O vento soprou mais forte. Baseada em fatos reais, a obra é um romance histórico sobre o comércio de escravos em Zanzibar, no século XIX.

Martin Dugard. No coração da África. História da viagem de dois pesquisadores europeus pelo continente africano.

Mia Couto. Antes de nascer o mundo. A história acontece na savana, em Moçambique, onde cinco almas apartadas das gentes e cidades do mundo ensaiam um arremedo de vida.

______. O outro pé da sereia. A África foi, por muito tempo, representada no imaginário do homem ocidental como um continente misterioso, mítico, vasto e bárbaro. Essa imagem, construída a partir de uma ótica eurocêntrica, tem sido perpetuada não apenas na literatura, e na mídia em geral, como também nas escolas. A hegemonia do sujeito branco e ocidental formulou imagens de um "outro" africano que se opõe à imagem que este tinha de si mesmo. Essas representações não foram elaboradas em um processo de mão única. Os africanos, evidentemente, também elaboraram suas interpretações e significações para o que vivenciavam ao entrar em contato com os europeus.

______. O último voo do flamingo. O livro se passa entre 1992 e 1994, quando o exército da ONU entra em Moçambique para tentar solucionar a guerra civil, deparando-se com um mistério.

______. Terra sonâmbula. O livro traz a história de um menino e um velho, e tem como cenário a guerra civil de Moçambique.

______. Um rio chamado tempo, uma casa chamada terra. A história de um personagem que tem a missão de retornar à sua ilha natal para organizar o enterro do avô.

______. Venenos de Deus, remédios do diabo. A obra acontece em Moçambique e gira em torno de alguns personagens, como Sidônio, que morava em Lisboa e foi curar uma vila, a Vila Cacimba, de uma epidemia.

Nei Lopes. O racismo explicado aos meus filhos. Nesse livro o autor mostra os males sócio-político-culturais que o racismo causa.

Pepetela. A gloriosa família – o tempo dos flamengos. A história de um holandês, sua esposa africana e seus vários filhos durante a ocupação holandesa de Angola, no século XVII.

______. As aventuras de Ngunga. A publicação traz como pano de fundo a guerra de libertação de Angola e é sobre um menino órfão de 13 anos de idade que, apesar das dificuldades de sua vida, conseguia ser uma pessoa feliz.

______. O quase fim do mundo. A história se passa em um país da África onde há 12 sobreviventes de uma hecatombe que provocou o sumiço da população mundial.

Philip Gourevitch. Gostaríamos de informá-lo de que amanhã seremos mortos com nossas famílias. Durante três anos, o jornalista norte-americano Philip Gourevitch mergulhou na realidade ruandesa para tentar desvendar o amplo contexto cultural, político e étnico do genocídio da população tutsi em Ruanda, em 1994.

Ryszard Kapuscinski. Ébano – minha vida na África. Após 40 anos conhecendo cada vez mais a África como correspondente da agência de notícias polonesa PAP, Ryszard Kapuscinski acrescenta à sua habilidade literária sua observação jornalística e apresenta um retrato da variedade cultural africana.

Solano Trindade. Poemas antológicos de Solano Trindade. A coleção Obras Antológicas reúne o melhor da produção poética do pernambucano Francisco Solano Trindade, grande defensor e divulgador da cultura negra no Brasil. Poeta, pintor, ator, jornalista, teatrólogo e ativista cultural, Solano construiu sua trajetória falando de amor, liberdade e justiça, conceitos que nortearam sempre sua vida e sua obra.

Toni Morrison. Amada. Romance ganhador do Nobel de 1994, conta a história de Sethe, uma escrava que, após fugir da fazenda onde trabalha, acaba matando a própria filha para não vê-la cair nas mãos de brancos.

BIBLIOGRAFIA

ALENCASTRO, Luiz Felipe de. *O trato dos viventes: formação do Brasil no Atlântico Sul.* São Paulo: Companhia das Letras, 2000.

BELLUCCI, Beluce (Coord.). *Introdução à história da África e da cultura afro-brasileira.* Rio de Janeiro: Centro de Estudos Afro-Asiáticos, Centro Cultural do Banco do Brasil, 2003.

______. "As regras da economia colonial". In: BELLUCCI, Beluce (Coord.). *Introdução à história da África e da cultura afro-brasileira.* Rio de Janeiro: Centro de Estudos Afro--Asiáticos, Centro Cultural do Banco do Brasil, 2003.

BITTENCOURT, Marcelo. "Partilha, resistência e colonialismo". In: BELLUCCI, Beluce (Coord.). *Introdução à história da África e da cultura afro-brasileira.* Rio de Janeiro: Centro de Estudos Afro-Asiáticos, Centro Cultural do Banco do Brasil, 2003.

BRUNSCHWIG, Henri. *A partilha da África negra.* São Paulo: Perspectiva, 1993.

CABRAL, Amilcar. *Unité et lutte.* Paris: PCM, 1980.

CAPELA, José. *O imposto de palhota e a introdução do modo de produção capitalista nas colônias.* Porto: Afrontamento, 1977.

CENSOS do IBGE, da Seppir, do Ceap e do ME.

FAGE, J. D. *História da África.* Lisboa: Edições 70, 2010.

FARIA, Sheila de Castro. "Identidade e comunidade escrava: um ensaio". *Revista Tempo*, Rio de Janeiro, p. 1-24, 2006.

FLORENTINO, Manolo Garcia. *Em costas negras: uma história do tráfico atlântico de escravos entre a África e o Rio de Janeiro (séculos XVIII e XIX).* Rio de Janeiro: Arquivo Nacional, 1996.

______; Ribeiro, A. V.; SILVA, D. D. "Aspectos comparativos do tráfico de africanos para o Brasil (séculos XVIII e XIX)". *Revista Afro-Ásia*, Salvador, n. 31, p. 83-126, 2004.

FREYRE, Gilberto. *Casa-grande e senzala.* Rio de Janeiro: José Olympio, 1983.

______. *Os escravos nos anúncios de jornais brasileiros do século XIX.* São Paulo: Global, 2010.

GOMES; Flávio dos Santos. *A hidra e os pântanos: mocambos, quilombos e comunidades de fugitivos no Brasil (séculos XVII – XIX).* São Paulo: Unesp/Polis, 2005.

______. *Experiências atlânticas – ensaios e pesquisas sobre a escravidão e o pós-emancipação no Brasil.* Passo Fundo: UPF, 2003.

______. *História de quilombolas: mocambos e comunidades de senzalas no Rio de Janeiro – século XIX.* Rio de Janeiro: Arquivo Nacional, 1995.

______. *Palmares: escravidão e liberdade no Atlântico Sul.* São Paulo: Contexto, 2005.

______; REIS, João José. *Liberdade por um fio.* São Paulo: Companhia das Letras, 1997.

GORENDER, JACOB. *A escravidão reabilitada*. São Paulo: Ática, 1990.

GRINBERG, KEILA. *Liberata: a lei da ambiguidade – as ações da liberdade da Corte de Apelação do Rio de Janeiro no século XIX*. Rio de Janeiro: Relume Dumará, 1994.

HERNANDEZ, LEILA LEITE. *A África na sala de aula: visita à história contemporânea*. São Paulo: Selo Negro, 2005.

HOCHSCHILD, ADAM. *O fantasma do Rei Leopoldo – uma história de cobiça, terror e heroísmo na África colonial*. São Paulo: Companhia das Letras, 1999.

KAPUSCINSKI, RYSZARD. *Ébano – minha vida na África*. São Paulo: Companhia das Letras, 2002.

KI-ZERBO, J. *História da África negra*. Volumes I e II. Lisboa: Europa-América, 1991.

LACERDA, CARLOS. *O quilombo de Manuel Congo*. Rio de Janeiro: Lacerda Editora, 1998.

LIMA, MÔNICA. "A África vai à escola". In: *Nossa História*, n. 4, p. 84-87. Rio de Janeiro: Biblioteca Nacional, fevereiro de 2004.

LOVEJOY, PAUL. *A escravidão na África: uma história de suas transformações*. Rio de Janeiro: Civilização Brasileira, 2002.

MACKENZIE, J. M. *A partilha da África – 1880-1900*. São Paulo: Ática, 1994.

M'BOKOLO, ELIKIA. *África negra – história e civilizações*. Tomo I. São Paulo: Casa das Áfricas, 2009.

______. *ÁFRICA negra – história e civilizações*. Tomo II. São Paulo: Casa das Áfricas, 2011.

______. *A matriz africana*. São Paulo: Selo Negro, 2008.

MEILLASSOUX, CLAUDE. *Antropologia da escravidão – o ventre de ferro e dinheiro*. Rio de Janeiro: Jorge Zahar Editor, 1995.

MOKHTAR, G. (COORD.). *História geral da África II – a África antiga*. São Paulo: Ática/ Unesco, 1983.

NASCIMENTO, ELISA LARKIN (ORG.). *A matriz africana no mundo*. Sankofa 1. São Paulo: Selo Negro, 2008.

O CORREIO DA UNESCO. Julho de 1997.

PANTOJA, SELMA. *Nzinga Mbandi: mulher, guerra e escravidão*. Brasília: Thesaurus, 2000.

PEREIRA, JOSÉ MARIA N. "Cultura Afro-Brasileira", p. 119-126. In: BELLUCCI, Beluce (Coord.). *Introdução à história da África e da cultura afro-brasileira*. Rio de Janeiro: Centro de Estudos Afro-Asiáticos, Centro Cultural do Banco do Brasil, 2003.

PRIORI, MARY DEL; VENÂNCIO, R. P. *Ancestrais: uma introdução à história da África atlântica*. Rio de Janeiro: Elsevier, 2004.

REIS, JOÃO JOSÉ. "Quilombos e revoltas escravas no Brasil". *Revista Povo Negro*, São Paulo, n. 28, p. 14-39, dez. 1995/fev. 1996.

______. *REBELIÃO escrava no Brasil: a história do levante dos malês em 1835*. São Paulo: Companhia das Letras, 2003.

RIOS, Ana Lugão; MATTOS, Hebe. *Memórias do cativeiro – família e cidadania no pós-abolição*. Rio de Janeiro: Civilização Brasileira, 2005.

RODRIGUES, Raimundo Nina. *Os africanos no Brasil*. São Paulo: Companhia Editora Nacional, 1977.

RUSSEL-WOOD, A. J. R. "Através de um prisma africano: uma nova abordagem ao estudo da diáspora africana no Brasil colonial". *Revista Tempo*, Rio de Janeiro, v. 6, n. 12, p. 11-50, dez. 2001.

SALLES, R. H.; SOARES, M. de C. *Episódios da história afro-brasileira*. Rio de Janeiro: DPA/Fase, 2005.

SILVA, Alberto da Costa e. *A enxada e a lança – a África antes dos portugueses*. Rio de Janeiro: Nova Fronteira, 1996.

______. *A manilha e o libambo: a África e a escravidão de 1500 a 1700*. Rio de Janeiro: Nova Fronteira, 2002.

______. *O Brasil, a África e o Atlântico no século XIX*. Scielo Brasil. Disponível em: http://www.scielo.br. Acesso em: nov. 2012.

______. *Um rio chamado Atlântico – a África no Brasil e o Brasil na África*. Rio de Janeiro: Nova Fronteira/UFRJ, 2003.

SLENES, Robert. "Malungu, Ngoma vem! – África coberta e descoberta do Brasil". *Revista USP*, São Paulo, n. 12, dez./jan./fev. 1991-2.

______. *Na senzala uma flor: esperanças e recordações na formação da família escrava – Brasil sudeste, século XIX*. Rio de Janeiro: Nova Fronteira, 1999.

SCHWARCZ, Lilia M.; GARCIA, Lúcia. *Registros escravos: repertório das fontes oitocentistas pertencentes ao acervo da Biblioteca Nacional*. Rio de Janeiro: Fundação Biblioteca Nacional, 2006.

SOUZA, Marina Mello e. *Reis negros no Brasil escravista*. Belo Horizonte: UFMG, 2002.

TAUNAY, Afonso de E. *Subsídios para a história do tráfico africano no Brasil colonial*. Rio de Janeiro: Imprensa Nacional, 1941.

TELLES, Augusto C. da Silva. *O Vale do Paraíba e a arquitetura do café*. Rio de Janeiro: Capivara, 2006.

______. "Vassouras – estudo da construção residencial urbana". *Revista do Patrimônio Histórico e Artístico Nacional*, Rio de Janeiro, MEC 16, 1968.

THORNTON, John. *A África e os africanos na formação do mundo Atlântico – 1400-1800*. Rio de Janeiro: Elsevier/Campos, 2004.

UNESCO. *História geral da África*. Paris, Unesco/MEC/UFSC, 8 vols. O primeiro é de 1980.

VERGER, Pierre. *Fluxo e refluxo: do tráfico de escravos entre o Golfo do Benin e a Bahia de Todos os Santos dos séculos XVII a XIX*. Salvador: Corrupio, 1987.

WERNECK, Francisco Peixoto de L. *Memória sobre a fundação de uma fazenda na província do Rio de Janeiro*. Rio de Janeiro: Fundação Rui Barbosa / Brasília: Senado Federal, 1985.

WESSELING, H. L. *Dividir para dominar: a partilha da África – 1880-1914*. Rio de Janeiro: UFRJ/Revan, 1998.

CADERNO DE ATIVIDADES

EXERCÍCIOS

CAPÍTULO 1 – ÁFRICAS

1. Leia o texto abaixo para fazer o exercício.

> De Tarkala à cidade de Gana, gastam-se três meses de marcha num deserto árido.
>
> Ibn al-Fakih. Alberto da Costa e Silva. *Imagens da África*. São Paulo: Cia. das Letras, 2013.
>
> Tombuctu ou Timbuctu. Antigo e importante entreposto do comércio transaariano e grande centro de educação e cultura islâmica. Jenné ou Djenné. Antigo e importante centro mercantil. Nele se faziam as conexões comerciais entre Tombuctu, o alto Níger e as florestas.
>
> Alberto da Costa e Silva. "Introdução". *Imagens da África*. São Paulo: Cia. das Letras, 2013.

Produza um pequeno texto dissertativo buscando discutir a importância do camelo para a integração entre as regiões norte e sul do continente africano.

2. Diversos foram os povos e civilizações que se desenvolveram no continente africano antes e durante a chegada dos europeus. Observe o mapa "Antigos reinos e impérios do continente africano" do capítulo 1, escolha três impérios e/ou reinos africanos antigos e preencha o quadro abaixo:

Reino/império			
Localização geográfica			
Periodização			
Economia			
Sociedade			
Cultura			

3. Leia o texto e o relacione com as imagens.

> Esse continente é demasiadamente grande para ser descrito. É um verdadeiro oceano. Um planeta diferente, composto de várias nações, um cosmo múltiplo. Somente por comodidade simplificamos e dizemos "África".
>
> Ryszard Kapuscinski. *Ébano: minha vida na África*. São Paulo: Cia. das Letras, 2002.

Jenny Pate/Keystone

Centro comercial de Abidjan, na Costa do Marfim.

Poco Bw

Mãe e filho em Brazzaville, na República do Congo.

Ariadne Van Zandbergen/Lonely Planet Images/Getty Images

Vista da cidade de Lüderitz, na Namíbia.

a) Elabore um texto dissertativo relacionando as imagens e a epígrafe citada com o título do capítulo 1, "Áfricas".

b) Escolha duas figuras, descreva-as, sugira um título e comente o que você considerou importante nelas.

4. Observe o mapa do continente africano e responda ao que é pedido.

Mário Yoshida

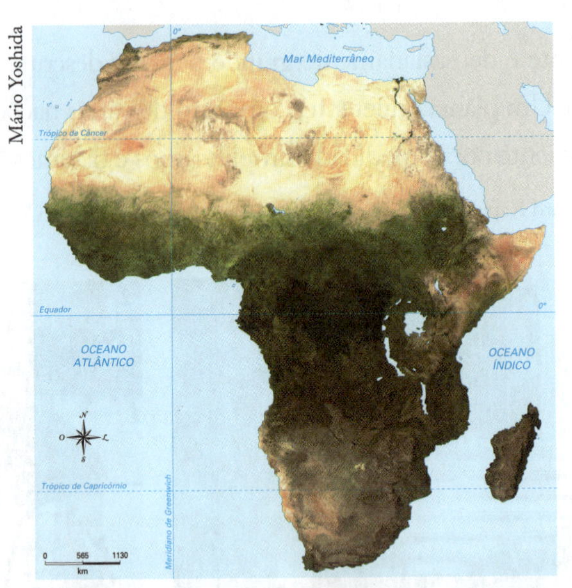

Fonte: IBGE. *Atlas Geográfico Escolar*. Rio de Janeiro: IBGE, 2009.

a) Localize no mapa a floresta do Congo.

b) Explique por que essa floresta representou ao mesmo tempo um elemento de proteção e uma barreira para o desenvolvimento econômico da população local.

5. Relacione as regiões às características correspondentes:

1. África do Norte
2. África Ocidental
3. África Oriental
4. África Central
5. África Austral

Características:

( ) Economia baseada na extração de minérios como cobre e diamante.

( ) Mantém intensas relações com a Índia e o mundo árabe.

( ) Língua árabe é oficial e os habitantes seguem a religião muçulmana.

( ) Posição geográfica estratégica de ligação entre os oceanos Índico e Atlântico.

( ) Formada por vários países de pequena extensão territorial.

CAPÍTULO 2 – O CIVILIZADOR AFRICANO

1. Bernardo Pereira de Vasconcelos, importante político do século XIX, chamou a atenção para o papel do africano como civilizador na América, e em particular no Brasil.

   a) Explique o título do capítulo 2.

   b) Identifique dois exemplos que justifiquem o título do capítulo.

2. Leia a letra do samba a seguir e identifique o trecho que faz referência ao papel civilizador dos povos africanos no Brasil.

> **AO POVO EM FORMA DE ARTE**
>
> *Há mais de quarenta mil anos atrás*
> *A arte negra já resplandecia*
> *Mais tarde a Etiópia milenar*
> *Sua cultura até o Egito estendia*
> *Daí o legendário mundo grego*
> *A todo negro de "etíope" chamou*
> *Depois vieram reinos suntuosos*
> *De nível cultural superior*
> *Que hoje são lembranças*
> *de um passado*
> *Que a força da ambição exterminou*
> *Em toda a cultura nacional*
> *Na arte e até mesmo na ciência*
> *O modo africano de viver*
> *Exerceu grande influência*
> *E o negro brasileiro*
> *Apesar de tempos infelizes*
> *Lutou, viveu, morreu e se integrou.*
>
> Nei Lopes e Wilson Moreira. "Ao povo em forma de arte".
> *A arte negra de Wilson Moreira e Nei Lopes*. EMI, 1981.

3. Observe as duas imagens a seguir. Elas representam a rotina do trabalho escravo no Brasil.

Fundação Biblioteca Nacional/RJ

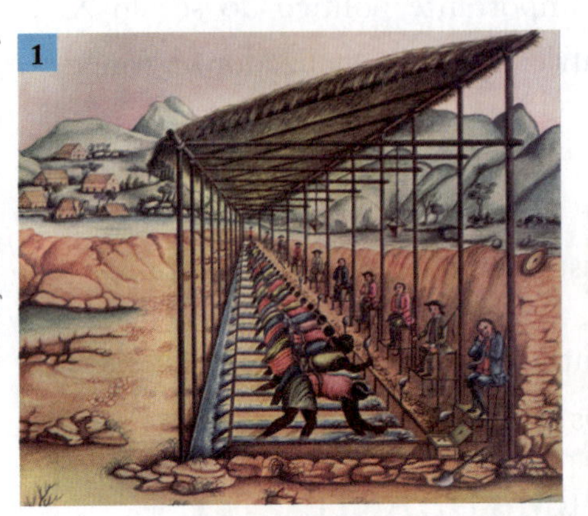

Carlos Julião. *Lavagem de diamantes em Serro Frio – MG*, c. 1770. Aquarela sobre papel.

Museus Castro Maya/RJ

Jean-Baptiste Debret. *Negros serradores de tábua*, 1822. Aquarela.

a) Escreva um pequeno texto dissertativo relacionando as imagens com o título do capítulo 2.

b) Preencha os quadros a seguir com uma descrição para as cenas propostas nas imagens e descreva a técnica desenvolvida pelos africanos no Brasil.

Imagem 1

Título: *Lavagem de diamantes em Serro Frio – MG*
Descrição:
Técnica trazida pelos povos africanos:

Imagem 2

Título: *Negros serradores de tábua*
Descrição:
Técnica trazida pelos povos africanos:

c) Cite uma contribuição dos povos africanos, trazidos para o Brasil como escravos, nas seguintes áreas: medicina, metalurgia, agricultura e arte.

4. Grande parte das vanguardas modernistas europeias se aproveitou da visualidade das artes africanas como tendência estética. Observe o quadro *As senhoritas de Avignon* (1907), de Pablo Picasso, e a imagem de uma máscara do povo dan, da Costa do Marfim.

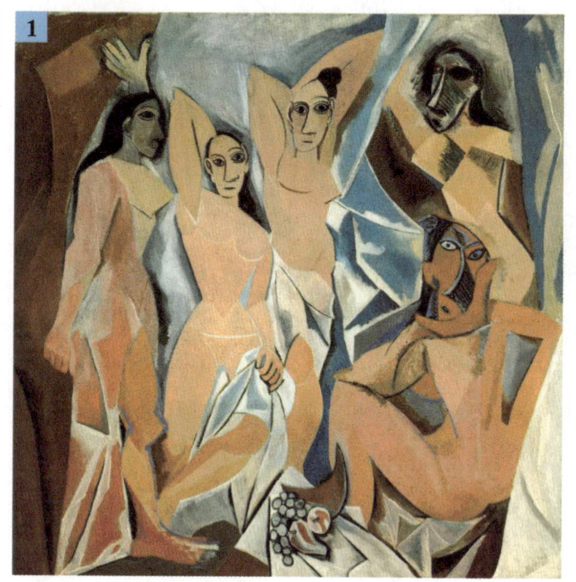

Pablo Picasso. *As senhoritas de Avignon* (*Les demoiselles d'Avignon*). Óleo sobre tela, 243,9 cm x 233,7 cm.

Hemera Technologies

Máscara facial do povo Fang, localizado no território que hoje corresponde a Guiné-Equatorial, Gabão e Camarões.

a) Partindo da relação possível entre as imagens, pesquise sobre de que maneira a arte africana influenciou tanto o artista espanhol quanto as principais vanguardas europeias do século XX.

b) Escreva um pequeno texto dissertativo refletindo sobre a importância das máscaras para muitos povos africanos.

c) A produção artística dos povos africanos tem muitas vezes uma função prática ou religiosa, não podendo ser compreendida apenas como livre expressão da capacidade criativa ou como algo a ser exposto e contemplado por especialistas e admiradores. Explique o sentido dessa afirmação.

ATIVIDADE EM GRUPO

Leia o trecho do documento a seguir para fazer as atividades.

A cidade de Gao, capital do Reino de Songai, e a cidade de Kano (considerada o centro cultural e comercial do povo hauçá e localizada em território hoje pertencente à Nigéria) eram bastante populosas e seus moradores disputavam o título de cidade com mais habitantes. Para resolver essa questão os habitantes de Gao e os de Timbuctu, utilizando papel, tinta e pena, entraram na cidade de Gao e puseram--se a contar os grupos de casas, começando pela primeira habitação a oeste da cidade, e a inscrevê-las uma após outra, 'casa de Fulano, casa de Sicrano', até chegarem às últimas construções da cidade, do lado leste. A operação levou três dias e contaram-se 7.626 casas [...].

Manuscrito de Mahmud Kati, 1485. Joseph Ki-Zerbo. *História da África Negra I.* Lisboa: Publicações Europa-América, 1979.

a) Circule no mapa a seguir as cidades citadas no texto.

Mário Yoshida

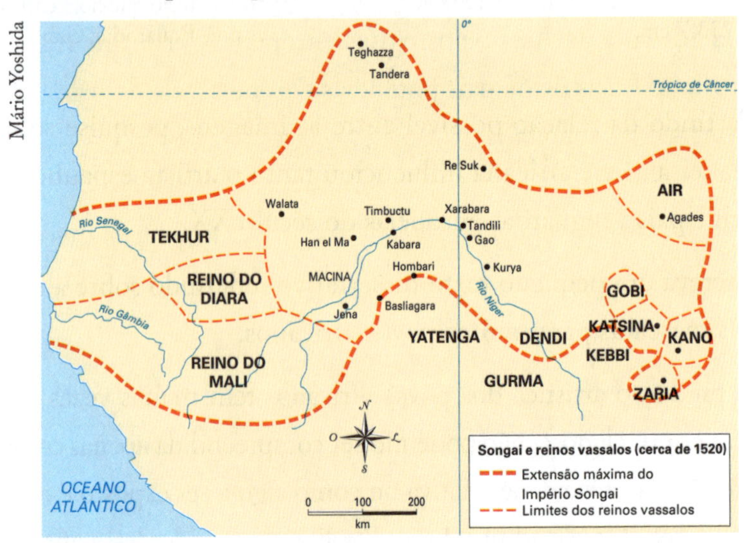

Fonte: Joseph Ki-Zerbo. *História da África Negra I.* Lisboa: Publicações Europa-América, S/D. p. 181.

b) Desde o início da colonização, os portugueses realizaram levantamentos da população existente no Brasil. Porém, somente em meados do século XVIII esses levantamentos foram aperfeiçoados e tornaram-se mais frequentes. Atualmente, o Instituto Brasileiro de Geografia e Estatística (IBGE) é o órgão responsável pela realização do censo demográfico no Brasil, que é feito a cada dez anos.

Pesquise no *site* do IBGE (www.ibge.gov.br) e construa um texto abordando os seguintes itens:

- ano do primeiro censo demográfico no Brasil;
- ano do primeiro censo feito pelo IBGE; número de habitantes da sua cidade segundo o último censo;
- metodologia utilizada pelo censo do IBGE.

Não se esqueça de dar um título ao seu texto.

CAPÍTULO 3 – A RESISTÊNCIA DO CONTINENTE

1. A segunda metade do século XIX foi marcada pelo processo de colonização da África e da Ásia pelos países europeus. O continente africano foi repartido entre as principais potências europeias. Preencha o quadro com as informações solicitadas.

Países europeus	Países africanos	Tipo(s) de colonização
França		
Inglaterra		
Alemanha		
Portugal		
Bélgica		
Espanha		

2. Observe o quadro a seguir com informações a respeito da independência de alguns países africanos, e em seguida responda às questões.

País	Ano da independência	Líderes	Movimento/partidos vencedores
Angola	1975	Agostinho Neto	Movimento Popular de Libertação de Angola (MPLA)
Costa do Marfim	1960	Pelix Houphouet--Boigny	Partido Democrático da Costa do Marfim (*Parti Démocratique de la Côte d'Ivoire*, em francês)
Gana	1957	Kwame Nkrumah	Partido da Convenção Popular (CPP, *Convention People's* Party, em inglês)
República da Guiné (Guiné Conacri)	1958	Sékou Touré	Partido Democrático da Guiné (PDG, *Parti Démocratique du Guinée*, em francês)
Guiné--Bissau	1973	Amílcar Cabral	Partido Africano para a Independência da Guiné-Bissau e Cabo Verde (PAIGC)
Madagascar	1960	Philibert Tsiranana	Partido Social Democrata de Madagascar (PSM, *Parti Social Démocrate de Madagascar*, em francês)
Malaui	1964	Hastings Kamuzu Banda	Partido do Congresso do Malaui (MCP, *Malawi Congress Party*, em Inglês)
Moçambique	1975	Samora Machel	Frente de Libertação de Moçambique (FRELIMO)
Nigéria	1960	Benjamin N. Azikiwé	Conselho Nacional da Nigéria e Camarões (NCNC, *National Council of Nigeria and Cameroon*, em inglês)
Quênia	1963	Jomo Kenyatta	União Nacional Africana do Kenya (KANU, *Kenya African National Union*, em inglês)

País	Ano da independência	Líderes	Movimento/partidos vencedores
Senegal	1960	Leopold Senghor	Partido Socialista do Senegal (PS, *Parti Socialiste du Sénégal*, em francês)
Tanzânia	1961	Julius Nyerere	União Nacional Africana de Tanganica (TANU, *Tanganyika African National Union*, em inglês)
República Democrática do Congo	1960	Joseph Kasavubu/ Patrice Lumumba	Movimento Nacional Congolês (MNC, *Mouvement National Congolais*, em francês)
Zimbábue	1965	Robert Mugabe	União Nacional Africana do Zimbábue (ZANU, *Zimbawe African National Union*, em inglês)

a) Utilizando as informações do quadro, construa uma linha do tempo da independência dos países africanos.

b) Escolha um país do quadro e construa um texto sobre o seu processo de independência. Para isso, realize uma pesquisa sobre a história do país, sobre o movimento de independência e sobre seu(s) principal(is) líder(es).

3. Leia os textos a seguir, e depois responda às questões.

TEXTO I

Muitos anos atrás, quando eu era um garoto, criado em uma aldeia do Transkei, eu ouvia as histórias dos mais velhos da tribo, a respeito dos bons tempos antes da chegada do homem branco. Naquela época nosso povo vivia em paz, sob o comando democrático de seus reis e *amapakiti* (nobres) [...] Naquele tempo o país era nosso de fato e de direito. [...]

Nelson Mandela. *A luta é a minha vida*. São Paulo: Globo, 1988.

TEXTO II

O Império Britânico não se reduz às colônias autônomas e ao Reino Unido. Compreende uma parte muito mais vasta, uma população muito maior sob os climas tropicais, onde um grande povoamento europeu é impossível e onde as populações indígenas ultrapassam sempre, largamente, o número de habitantes brancos. [...]
Sentimos, hoje, que o nosso governo sobre esses territórios não pode justificar-se se não mostrarmos que ele aumenta a felicidade e a prosperidade do povo, e afirmo que o nosso governo efetivamente levou a esses países, que nunca tinham conseguido esses benefícios, a segurança, a paz e uma prosperidade relativa.
Prosseguindo nesta obra de civilização, cumpramos o que penso ser a nossa missão nacional, e encontraremos nessa empresa em que exercer aquelas qualidades e aquelas virtudes que fizeram de nós uma grande raça governante [...] Afirmo que quase por toda parte onde o governo da Rainha foi estabelecido e a grande *Pax Britannica* reforçada, a vida e a propriedade tornaram-se mais seguras, e as condições materiais da massa da população foram melhoradas [...].

Joseph Chamberlain, Secretário de Estado para as Colônias da Grã-Bretanha entre 1895 e 1903. *Discursos coloniais.*

Os textos citados apresentam diferentes visões da colonização europeia na África, a partir das últimas décadas do século XIX.

a) Identifique as diferentes visões e retire de cada texto um trecho que confirme sua resposta.

b) Qual é o argumento utilizado pelos europeus para justificar a colonização do continente africano?

4. Leia os excertos a seguir e responda às questões.

TEXTO I

FRONTEIRAS ARTIFICIAIS

[...] A colonização europeia não respeitou as diferenças e particularidades dos africanos. Pelo contrário, os europeus dividiram o continente entre si com base somente em mapas, repartindo a terra de acordo com os rios, montanhas ou coordenadas geográficas (paralelos e meridianos), sem consultar os povos que lá viviam. [...]

William Visentini. *Geografia crítica volume 4: a geografia do terceiro mundo.* São Paulo: Ática, 1995.

TEXTO II

A GUERRA DE BIAFRA

Ficou conhecida como Guerra de Biafra ou ainda Guerra Civil Nigeriana um conflito ocorrido no sudoeste do atual território da Nigéria, entre 1967 e 1970, envolvendo este país africano e a república separatista de Biafra. Naquele momento a Nigéria era um país recentemente emancipado, [...] que consistia em um território de extrema diversidade étnica [...].
[...] em 1966, quando ocorre uma guerra civil pelo controle do poder central, e que envolveu dois importantes povos nigerianos: os haussas, habitantes do noroeste e os ibos, a sudoeste.
Em janeiro de 1966, um grupo de oficiais, na sua maioria da etnia ibo, dá um violento golpe de Estado, quando irão assassinar o primeiro-ministro [...], e os governadores da região norte e oeste [...] (vale explicar que a Nigéria à época era dividida em apenas três regiões, leste, oeste e norte).
Seis meses depois, militares da região norte dão um contragolpe, que foi acompanhado de manifestações populares e de perseguições contra os ibo. Contando com a riqueza das jazidas petrolíferas descobertas no delta do rio Níger, os líderes políticos ibo decidem em maio de 1967 por separar seu território da Nigéria, declarando a República de Biafra.

Tal movimento irá naturalmente despertar uma forte reação do governo nigeriano, que decide pegar em armas para reprimir os rebeldes, dando início à Guerra de Biafra

[...] além do bloqueio à área de Biafra, impedindo o acesso a alimentos, medicamentos e armamentos, a política do governo nigeriano de contenção dos separatistas envolvia ainda a utilização das forças armadas para bombardear e matar indiscriminadamente soldados biafrenses e civis, fazendo da Guerra de Biafra um conflito bastante cruento.

O desfecho da guerra se dá em 1970, e Biafra acaba sendo reincorporada à Nigéria.

Emerson Santiago. *Infoescola*. Disponível em: <http://www.infoescola.com/historia/guerra-de-biafra/>. Acesso em: jul. 2013.

a) Baseando-se na definição do texto I e no exemplo apresentado no texto II, discuta as consequências do neocolonialismo europeu para os africanos.

b) Discuta a relação possível entre a partilha da África e as diversas guerras civis ocorridas em vários locais do continente após as independências.

5. Observe a imagem e em seguida responda às questões.

DEA/A. vergani/de Agostini/Getty Images

Imagem típica do *apartheid* na África do Sul: ônibus exclusivo para pessoas não brancas (*non-whites only*), em 1990.

a) Descreva a figura.

b) Explique o que foi a política do *apartheid* na África do Sul.

c) Escreva um pequeno texto tratando da participação de Nelson Mandela na luta contra o *apartheid*.

6. Leia o texto e complete o quadro com as informações solicitadas.

> Uma vez instalados, os europeus dedicaram-se a organizar seus novos territórios [...]. Todos os setores da produção (agricultura, indústria e comércio) foram organizados sobre uma base monopolista, voltados exclusivamente para a exportação. No setor agrícola, os produtos de subsistência foram substituídos (ou deslocados para regiões mais férteis) pela nova agricultura de *plantation*, praticada por grandes empresas em gigantescos latifúndios que concentravam o trabalho de milhares de camponeses expropriados de suas terras. As *plantations* dedicavam-se à monocultura do café, amendoim, cacau, sisal etc., produtos que não eram destinados a satisfazer o consumo local, mas a serem vendidos no mercado internacional. As consequências desta orientação da agricultura foram perniciosas e afetaram a sociedade africana como um todo. As organizações tradicionais [...] que se estruturavam a partir da inserção na produção de subsistência ou na pecuária itinerante, praticada pela comunidade nas terras comuns, e que exigiam uma abundante mão de obra, largas extensões de terras e propriedades coletivas, perderam toda sua sustentação. Aldeias foram deslocadas ou dispersas e suas terras entregues aos colonos brancos ou a empresas capitalistas, enquanto que os africanos eram concentrados em reservas instaladas em regiões estéreis ou forçados a trabalhar como assalariados para seus novos senhores.
>
> M. E. Rios. "Para uma nova história da África". *Estudos Afro-Asiáticos*. Rio de Janeiro: Universidade Candido Mendes, 1992. p. 7-9.

Com base na leitura do texto, preencha o quadro com as informações obtidas:

Organização social e econômica dos povos africanos	Antes da colonização europeia	A partir da colonização europeia
Sistema agrícola		
Relação de trabalho		
Distribuição de terra		

ATIVIDADE EM GRUPO

Observe a fotografia a seguir e escreva um texto sobre a aparente contradição cultural representada na imagem.

DEA/A. vergani/de Agostini/Getty Images

Homens da etnia massai observando um *laptop*.

CAPÍTULO 4 – ESCRAVISMO E RESISTÊNCIA

1. Leia o poema e, em seguida, responda à questão.

SOU NEGRO

A Dione Silva

Sou Negro
meus avós foram queimados
pelo sol da África
minh'alma recebeu o batismo dos
tambores atabaques,
gonguês e agogôs

Contaram-me que meus avós
vieram de Loanda
como mercadoria de baixo preço
plantaram cana pro senhor do
engenho novo
e fundaram o primeiro
Maracatu.

Depois meu avô brigou como um
danado nas terras de Zumbi
Era valente como quê
Na capoeira ou na faca
escreveu não leu
o pau comeu
Não foi um pai João
humilde e manso

Mesmo vovó não foi de brincadeira
Na Guerra dos Malês
ela se destacou

Na minh`alma ficou
o samba
o batuque
o bamboleio
e o desejo de libertação...

Solano Trindade. "Sou Negro". *Quilombhoje*. Disponível em: <http://www.quilombhoje.com.br/solano/solanotrindade.htm>. Acesso em: jul. 2013.

Retire do poema de Solano Trindade os versos que expressem formas de resistência à escravidão e construa um texto utilizando as informações do livro acerca da resistência escrava no Brasil.

2. Pesquise sobre os seguintes movimentos de resistência de escravos:
   - Revolta dos Malês;
   - Quilombo de Manuel Congo;
   - Quilombo dos Palmares;
   - Revolta de 1847: os Tates-Corongos.

a) Localize no mapa do Brasil a seguir os estados onde ocorreram os movimentos de resistência mencionados. Não se esqueça de fazer a legenda e de dar um título ao mapa.

Fonte: IBGE. *Atlas Geográfico Escolar*. Rio de Janeiro: IBGE, 2009.

b) Escolha um dos movimentos mencionados, realize uma pesquisa em livros ou na internet e escreva um parágrafo sobre ele.

3. Observe o mapa a seguir, que representa o fluxo do tráfico de africanos escravizados, e em seguida responda às questões.

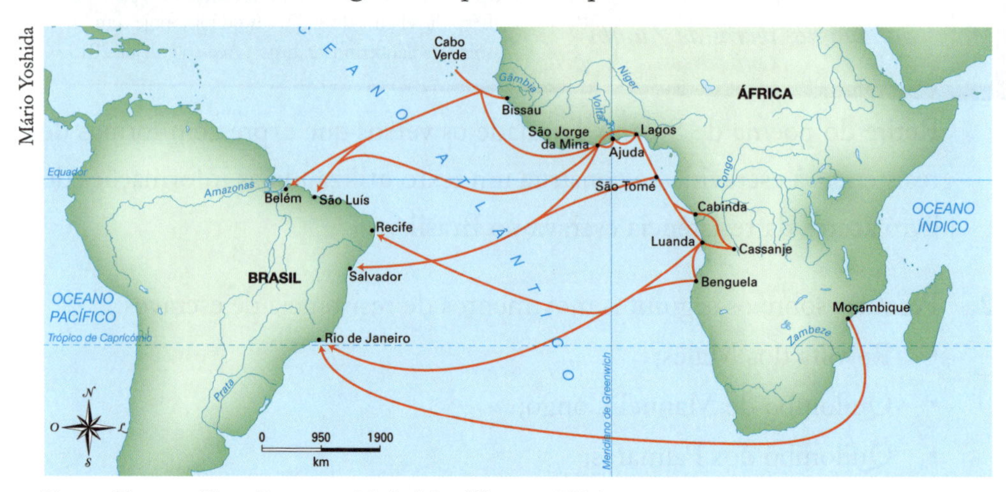

Fonte: Unesco. *Slave Routes: a global vision*. Unesco, 2004.

a) Localize no mapa as regiões do continente africano de onde foram embarcados os escravos para o Rio de Janeiro, Salvador, Recife, São Luís e Belém.

b) Quem eram os negros que foram trazidos para o Brasil como escravos? Como eles chegavam até os portos africanos?

c) Descreva as condições de viagem nos navios negreiros que atravessavam o Atlântico.

4. Leia a letra da canção e observe as imagens, depois responda às questões.

OFERTÓRIO

Com a força dos braços lavramos a terra,
cortamos a cana, amarga doçura
na mesa dos brancos.

Com a força dos braços cavamos a terra,
colhemos o ouro que hoje recobre
a igreja dos brancos.

Com a força dos braços plantamos na terra,
o negro café, perene alimento
do lucro dos brancos.

Com a força dos braços, o grito entre os dentes,
a alma em pedaços, erguemos impérios,
fizemos a América dos filhos dos brancos!

A brasa dos ferros lavrou-nos na pele,
lavrou-nos na alma, caminhos de cruz.
Recusa Olorum o grito, as correntes
e a voz do feitor, recebe o lamento,
acolhe a revolta dos negros, Senhor!

Milton Nascimento, Pedro Casaldáliga e Pedro Tierra. "Ofertório". *Missa negra*. UMG, 1981.

Fundação Biblioteca Nacional/RJ

Carlos Julião. *Minas de diamantes*, c. 1770. Aquarela sobre papel.

Instituto Moreira Salles

Marc Ferrez. *Colheita de café na fazenda Cachoeira Grande, em Rio das Flores* – RJ, 1885. Fotografia.

Museus Castro Maya/RJ

Jean-Baptiste Debret. *Feitor castigando negro*, de *Viagem pitoresca ao Brasil*, de 1835. Litografia de ilustração.

Museus Castro Maya/RJ

Johann Moritz Rugendas. *Rua do Rio de Janeiro - Outeiro da Glória, 1835.* Litografia.

Biblioteca John Carter Brown

William Clark. Corte de cana, extraído de *Dez visões da ilha de Antígua* (*Ten views of island of Antigua*), de 1823. Litografia

a) A letra da canção enumera uma série de atividades desenvolvidas pelos negros escravizados no Brasil. Relacione essas atividades com as expressas nas imagens de 1 a 5.

b) Escreva um pequeno texto dissertativo relacionando as condições de vida dos escravos entre os séculos XVI e XIX com as condições de vida dos trabalhadores rurais no Brasil de hoje.

5. Leia a reportagem a seguir buscando observar características do sistema escravista brasileiro. Em seguida, responda às questões.

CIDADE TINHA FAMA DE TRATAR MAL ESCRAVOS

Pajens, mucamas, cozinheiras e doceiras povoavam as antigas fazendas campineiras quando elas se transformaram em ricas sedes de engenho de açúcar entre os séculos 18 e 19. Os outros serviçais, todos escravos, se distribuíam entre os canaviais, a fábrica de açúcar, a casa de purgar, o forno, as caldeiras e o alambique. Durante mais de um século a população negra foi mais numerosa que a branca. Os senhores de engenho campineiros tinham fama de tratar mal sua mão de obra. Quando um escravo de Itu, Jundiaí ou mesmo do Rio de Janeiro se rebelava ou tentava fugir, era comum ameaçá-lo com um "cuidado, hein, que eu vendo você para Campinas".

Havia exceções, contudo. O historiador Celso Maria de Mello Pupo relaciona bem uma dezena de senhores de engenho ou cafeicultores que se tornavam compadres de seus cativos batizando-lhes os filhos. O Barão de Monte Mor foi mais longe: legou sítios e imóveis a seus escravos por disposição testamentária. Com a abolição do tráfico de escravos em 1850, a ideia de se utilizar mão de obra branca e remunerada difundiu-se rapidamente. Naturalmente, tinha de ser estrangeira, pois não era costume os filhos e agregados dos grandes fazendeiros trabalharem. O Visconde de Indaiatuba foi o primeiro a adotar a medida em 1852, organizando uma colônia de alemães e tiroleses. Outros o imitaram nos anos seguintes, com maior ou menor sucesso. Esses estrangeiros seriam responsáveis, pouco depois, pelo nascimento e florescimento da indústria local.

E. G. *Jornal Correio Popular*, Campinas, 14 jul. 1995.

a) A reportagem fala da vida na cidade ou no campo? Justifique.

b) O texto menciona quais atividades desempenhadas pelos escravos?

c) Qual era a principal atividade econômica desenvolvida na região de Campinas no período a que se refere a reportagem?

d) Qual foi a forma de resistência à escravidão mencionada na reportagem?

e) Como foi feita a substituição do trabalho escravo pelo trabalho livre no Brasil a partir da segunda metade do século XIX?

6. Leia os textos e observe as imagens para responder às questões.

TATUAGEM

Quero ficar no teu corpo
Feito tatuagem
Que é pra te dar coragem
Pra seguir viagem
Quando a noite vem
E também pra me perpetuar
Em tua escrava
[...]

Chico Buarque e Ruy Guerra. "Tatuagem". *Chico canta*. Phonogram/Philips, 1973.

> A gravação da imagem no corpo negro, com ferro em brasa, foi uma das marcas do nosso passado colonial. No século XX, poucos símbolos são revestidos de tanta sensualidade e carga emocional para os nossos contemporâneos quanto a imagem gravada no corpo.
>
> Oswaldo Munteal. *A imprensa na história do Brasil.* Rio de Janeiro: PUC-RJ, 2005.

Museus Castro Maya/RJ

1

Jean-Baptiste Debret. *Negra tatuada vendendo caju*, 1827. Aquarela sobre papel, 15,5 cm x 21 cm.

2

Charles Knox

Tatuador faz tatuagem em rapaz.

Museus Castro Maya/Rio de Janeiro

3

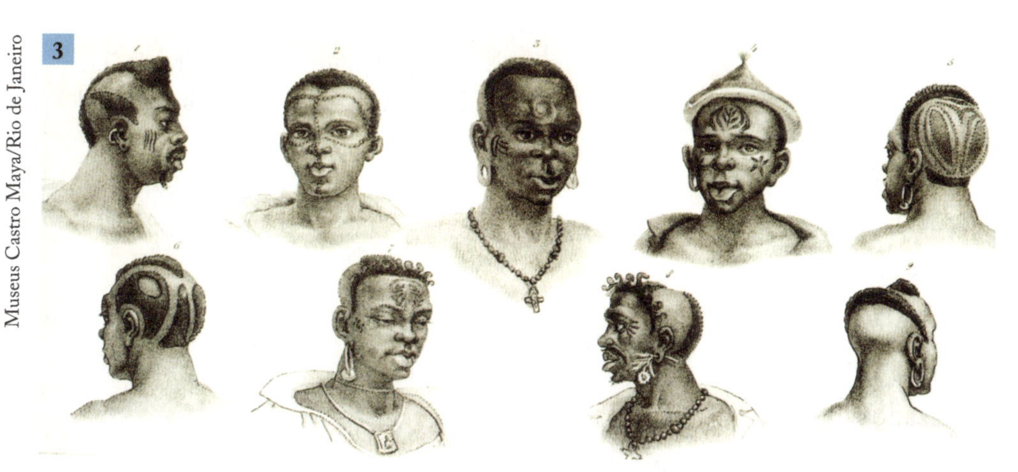

Jean-Baptiste Debret. *Escravos africanos de diferentes origens.* (Monjolo, Mina, Benguela, Calava e Moçambique). *Viagem pitoresca e histórica ao Brasil*, 1834-1839.

a) A imagem nos mostra as marcas estampadas nos rostos e no corpo de uma negra, provavelmente de origem africana. Qual é a importância dessas marcas para os povos africanos?

b) Por que os escravos eram marcados a ferro por seus senhores?

c) Qual é a função da tatuagem, cada vez mais comum, sobretudo entre os jovens, na nossa sociedade nos dias de hoje? Podemos identificar alguma semelhança entre a tatuagem e as marcas trazidas pelos africanos que vieram para o Brasil entre os séculos XVI e XIX, ou mesmo marcas utilizadas por diversos povos africanos ainda hoje?

ATIVIDADE EM GRUPO

Embora a escravidão de negros no Brasil tenha sido abolida há mais de um século, ainda é possível flagrarmos notícias de trabalho compulsório ou em situação degradante acontecendo no Brasil. Dessa forma, é possível comparar a escravidão no mundo antigo à escravidão dos africanos e também ao trabalho compulsório na contemporaneidade. Discuta essa ideia em grupo, e em seguida preencha o quadro.

	Escravidão no mundo antigo	**Escravidão no Brasil colonial**	**Trabalho escravo no Brasil atual**
Origem dos escravos			
Formas de escravidão			
Trabalhos realizados			
Condições de vida dos escravos			

CAPÍTULO 5 – A MATRIZ AFRICANA

1. Complete o quadro a seguir com informações acerca da influência africana para a formação da cultura brasileira.

O encontro entre dois mundos		
	África	Brasil
Religião		
Vocabulário		
Danças		
Conhecimentos técnicos e científicos		

2. Leia a letra da canção e aponte os versos nos quais são citadas influências africanas no ritmo e na dança.

KIZOMBA, FESTA DA RAÇA

Valeu Zumbi
O grito forte dos Palmares
Que correu terras céus e mares
Influenciando a Abolição
Zumbi valeu
Hoje a Vila é Kizomba
É batuque, canto e dança
Jogo e Maracatu
Vem menininha pra dançar o
Caxambu
Vem menininha pra dançar o
Caxambu
Ô ô nega mina
Anastácia não se deixou escravizar
Ô ô Clementina
O pagode é o partido popular
[...]
Esta Kizomba é nossa constituição
Esta Kizomba é nossa constituição
Que magia
Reza ageum e Orixá
Tem a força da Cultura
Tem a arte e a bravura
E um bom jogo de cintura
Faz valer seus ideais
E a beleza pura dos seus rituais
[...]

Rodolpho, Jonas, Luís Carlos da Vila. *Kizomba, Festa da Raça*. Samba-enredo da GRES Unidos da Vila Isabel. Rio de Janeiro (RJ), 1988.

3. Leia os textos a seguir e observe a imagem para responder às questões.

TEXTO I

ART. 5º TODOS SÃO IGUAIS PERANTE A LEI [...]

VI – é inviolável a liberdade de consciência e crença, sendo assegurado o livre exercício dos cultos religiosos e garantida, na forma da lei, a proteção aos locais de culto e as suas liturgias;

[...]

VIII – ninguém será privado de direitos por motivo de crença religiosa ou de convicção filosófica ou política, salvo se as invocar para eximir-se de obrigação legal a todos imposta e recusar-se a cumprir prestação alternativa, fixada em lei.

Constituição Brasileira de 1988.

TEXTO II

PM DE ALAGOAS INVADE TERREIROS DE CANDOMBLÉ

Em seis ocasiões apenas neste ano, terreiros de candomblé de Maceió foram invadidos por policiais militares, que interromperam os cultos religiosos e ameaçaram confiscar instrumentos, caso as batidas sagradas não fossem interrompidas. [...]

Bob Fernandes. *Terra Magazine*, 28 jul. 2013. Disponível em: <http://iurirubim.blog.terra.com.br/2009/07/28/pm-de-alagoas-invade-terreiros-de-candomble/>. Acesso em: jul. 2013.

TEXTO III

DEPUTADOS DA FRANÇA QUEREM PROIBIR BURCA

Deputados que integram a comissão parlamentar encarregada de analisar o uso da burca na França propuseram a proibição de todos os tipos de véus islâmicos integrais nos serviços públicos. [...] A resolução prevê a proibição do uso de tais vestimentas nos serviços públicos – hospitais, transportes, escolas públicas e outras instalações do governo.

Folha on-line, 26 jan. 2010. Disponível em: <http://www1.folha.uol.com.br/folha/mundo/ult94u684757.shtml>. Acesso em: jul. 2013.

Cifotart

Nota de R$50,00 com a frase: "Deus seja louvado".

a) A partir da leitura atenta dos textos e da observação da imagem da moeda corrente no Brasil, aponte como a França e o Brasil tratam o princípio do Estado laico.

b) Há alguma contradição entre o que é determinado pela Constituição brasileira e o que é retratado na reportagem sobre a atuação da Polícia Militar em Alagoas? Justifique sua resposta.

c) Debata com seus colegas sobre o respeito à diversidade religiosa no Brasil hoje. Todas as crenças religiosas são igualmente respeitadas? Como você avalia a atuação do poder público na garantia do cumprimento da Constituição brasileira nesse aspecto? Quais são os avanços já alcançados no respeito à diversidade religiosa? Quais são as dificuldades ainda a serem superadas?

4. Ao longo da História, praticamente todos os povos explicaram a origem do mundo, dos homens, dos deuses e de tudo mais a sua volta por meio dos mitos. Dentre muitos outros mitos, alguns povos se referem a deuses

que criaram o mundo ou que disputaram seu controle, outros se referem a um oceano primitivo do qual teria se originado a Terra.

Mitos são as histórias dos deuses e dos heróis divinos. Contam o começo e o final, a criação e a destruição, a vida e a morte. Explicam o como e o porquê da vida. Quando um mito é criado, as pessoas acreditam nele com o coração e a alma. Por isso os mitos são mais do que histórias. Cada mito é uma mina de verdade humana.

Os chineses antigos acreditavam que o Universo era um ovo em pé: a Terra seria a gema que flutuaria no meio do oceano (a clara) e o céu, a superfície interna da casca do ovo. No interior desse ovo viveu um gigante que, ao crescer demais, acabou quebrando a casca do ovo e afastando o céu da Terra. A cabeça do gigante deu origem às montanhas, seus olhos se transformaram no Sol e na Lua e seus cabelos, nas árvores.

São inúmeros os mitos que afirmam que a Terra é sustentada por animais, gigantes ou por diversas forças da natureza. Para alguns povos antigos do Norte da Europa, existiria uma árvore gigante, segurando o Universo. Suas raízes estariam fincadas no mundo subterrâneo, habitado por gigantes. No meio do tronco da árvore estaria a Terra rodeada pelo oceano. A copa dessa árvore representaria o céu.

Na tradição iorubá acredita-se que a criação da Terra e a origem de todos os seres vivos deve-se a Olórum-Olódùmaré – o Deus supremo, que encarregou Òsàálà (Òrìsà Nlá) de criar o mundo em uma semana de quatro dias. Para executar a tarefa recebeu uma concha com terra, uma galinha e uma pomba que começaram a ciscar sobre a terra que havia na concha – até que a terra firme se espalhou por toda a parte. Completada a tarefa Olórum foi avisado e enviou Agemo, o camaleão, para fiscalizar. Da primeira vez Agemo afirmou que a terra ainda não estava seca o suficiente, da segunda vez ele considerou a terra firme para o que aconteceria depois.

Os judeus e os cristãos acreditam que Deus criou o Universo e os primeiros seres humanos: Adão e Eva. Assim consta no Gênesis, primeiro livro do Velho Testamento, na Bíblia.

a) Philip Neil diz o seguinte: "o mito de uma pessoa é a crença religiosa de outra, ou seja, a verdade de um é a ficção do outro." (*O livro ilustrado dos mitos: contos e lendas do mundo*. São Paulo: Marco Zero, 1996. p. 9). Comente a tentativa de desconstrução da visão etnocêntrica contida na afirmação.

b) Compare os mitos apresentados e aponte as semelhanças entre eles.

ATIVIDADE EM GRUPO

Forme um grupo com seus colegas e realizem uma pesquisa a respeito da presença do negro na cidade onde moram. Havia escravos em sua cidade? Onde eles trabalhavam? Ainda é possível encontrar alguém que conheceu algum negro escravizado? Se não havia trabalho escravo em sua cidade, há negros hoje morando em sua cidade? Como chegaram aí? De onde vieram?

Pensando nessas questões, monte um roteiro afrodescendente de sua cidade, atento a:

a) Patrimônio histórico: fazendas, casas, igrejas, em que se evidenciem a presença do negro e de sua cultura em sua cidade;

b) Lideranças: busque pesquisar se houve alguma liderança importante em meio aos escravizados em sua cidade;

c) Manifestações culturais: há manifestações culturais de origem africana em sua cidade? Existem escolas de samba, centros de candomblé e umbanda, grupos de capoeira?

CAPÍTULO 6 – BRASIL: PAÍS MESTIÇO

1. Leia a letra das duas canções e em seguida responda às questões.

NÊGA

Nêga
Segura no pé dessa nêga
E o asfalto precisa do pé dessa nêga
Pra sambar na avenida do seu coração

Nêga
Seu gingado me devora
Nêga
Me consome, me apavora
Nêga
Minha ala é o teu sorriso
Nêga
Meu enredo é o teu olhar

Eu vou lhe dar uma sandália bordada
De amor e carinho e fazer do meu pranto
O teu vestido

Depois pedir pra fazer do meu corpo
O seu porta-estandarte
Vencer o desfile do amor

Eu vou, eu vou, eu vou, eu vou
Eu vou lhe dar... é
De amor e carinho e fazer do meu pranto
O teu vestido
Depois pedir pra fazer do meu corpo
O seu porta-estandarte
Vencer o desfile do amor
Eu vou, eu vou, eu vou, eu vou...

Vevé Calazans. "Nêga", gravado por Emílio Santiago. *Comigo é assim*. Philips, 1977.

O TEU CABELO NÃO NEGA

O teu cabelo não nega, mulata,
Porque és mulata na cor,
Mas como a cor não pega, mulata,
Mulata eu quero o teu amor.

Tens um sabor bem do Brasil;
Tens a alma cor de anil;
Mulata, mulatinha, meu amor,
Fui nomeado teu tenente interventor.

Quem te inventou, meu pancadão
Teve uma consagração.
A lua te invejando faz careta,
Porque, mulata, tu não és deste planeta.

Quando, meu bem, vieste à Terra,
Portugal declarou guerra.
A concorrência então foi colossal:
Vasco da Gama contra o batalhão
naval.

Lamartine Babo e Irmãos Valença. "O teu cabelo não nega", gravado por Castro Barbosa. Victor, 1932.

Nas duas canções há imagens da mulher mestiça, chamada aqui de "mulata". Como são essas imagens? Qual é a diferença entre elas? A que você atribui essa diferença?

2. Observe a imagem, leia o trecho da letra da canção, e em seguida, responda à questão.

Acervo Artístico Cultural dos Palácios do Governo do Estado de São Paulo

Tarsila do Amaral. *Operários*, 1933. Óleo sobre tela, 150 cm x 205 cm.

LOURINHA BOMBRIL

Para e repara
Olha como ela samba
Olha como ela brilha
Olha que maravilha
Essa criola tem o olho azul
Essa lourinha tem cabelo Bombril
Aquela índia tem sotaque do Sul
Essa mulata é da cor do Brasil
A cozinheira tá falando alemão
A princesinha tá falando no pé
A italiana cozinhando o feijão
A americana se encantou com Pelé.

Paralamas do Sucesso (Los Pericos, Herbert Viana)."Lourinha Bombril", *Nove luas*. EMI, 1996.

Compare o texto com a tela, pensando na representação étnica do povo brasileiro.

3. Leia a reportagem para fazer o exercício proposto.

IPEA: ANALFABETISMO ENTRE JOVENS NEGROS É 2 VEZES MAIOR

SÃO PAULO – O índice de analfabetismo entre jovens negros é duas vezes maior que entre brancos, segundo levantamento divulgado hoje pelo Instituto de Pesquisa Econômica Aplicada (Ipea).

Contudo, a distância entre os grupos encurtou nos últimos 10 anos: em 1998, o analfabetismo entre jovens negros era quase três vezes maior que entre os brancos.

No ensino médio, o número de jovens brancos que frequenta a escola é 44,5% maior em comparação ao de negros. Já no ensino superior, a frequência é cerca de três vezes maior entre os brancos. O Ipea destaca, no entanto, que houve significativa melhora no nível de adequação educacional entre os jovens negros nos últimos anos. Enquanto se observou entre os brancos certa estagnação, entre os negros a melhoria na frequência ao ensino médio é bastante significativa: em 10 anos, quase duplicou.

No que diz respeito à renda, a disparidade é alarmante. De 2004 a 2008, a diferença entre as rendas médias dos negros e dos brancos no Brasil aumentou R$ 52,92. O estudo também revela que a renda média dos brancos aumentou 2,15 vezes no período, enquanto a dos negros teve aumento de apenas 1,99 vez.

O levantamento do Ipea foi feito com base nos dados da Pesquisa Nacional por Amostra de Domicílios (Pnad) de 2008 do Instituto Brasileiro de Geografia e Estatística (IBGE). Consideram-se jovens aqueles entre 15 e 29 anos, uma população que soma hoje 49,7 milhões de pessoas, cerca de 26,2% da população brasileira.

Agência Estado, 3 dez. 2009. Disponível em: <http://educacao.uol.com.br/ultnot/2009/12/03/ult4528u898.jhtm>. Acesso em: jul. 2013.

Preencha o quadro a seguir retirando informações da reportagem.

Categorias utilizadas	Números da diferença entre negros e brancos
Analfabetismo	
Frequência no ensino médio	
Frequência no ensino superior	
Renda média	

4. Leia o poema a seguir para responder à questão.

LUNDU DO ESCRITOR DIFÍCIL

Eu sou um escritor difícil
Que a muita gente enquizila,
Porém essa culpa é fácil
De se acabar duma vez:
É só tirar a cortina
Que entra luz nesta escurez.

Cortina de brim caipora,
Com teia caranguejeira
E enfeite ruim de caipira,
Fale fala brasileira
Que você enxerga bonito
Tanta luz nesta capoeira
Tal e qual numa gupiara.

Misturo tudo num saco,
Mas gaúcho maranhense
Que para no Mato Grosso,
Bate este angu de caroço
Ver sopa de caruru;
A vida é mesmo um buraco,
Bobo é quem não é tatu!

Eu sou um escritor difícil,
Porém culpa de quem é!...
Todo difícil é fácil,
Abasta a gente saber.
Bajé, pixé, chué, ôh "xavié"
De tão fácil virou fóssil,
O difícil é aprender!

Virtude de urubutinga
De enxergar tudo de longe!
Não carece vestir tanga
Pra penetrar meu caçanje!
Você sabe o francês "singe"
Mas não sabe o que é guariba?
— Pois é macaco, seu mano,
Que só sabe o que é da estranja.

Mário de Andrade. "Lundu do escritor difícil". *Poesias completas.* Rio de Janeiro: Vida Melhor, 2009.

Destaque do poema os versos em que a mestiçagem está expressa.

5. A tela a seguir, de Modesto Brocos, é a expressão do desejo de branqueamento da população brasileira no século XIX. Nela se pode observar uma avó negra, sua filha mestiça ao lado do marido branco, segurando uma criança branca.

Museu Nacional de Belas Artes/RJ

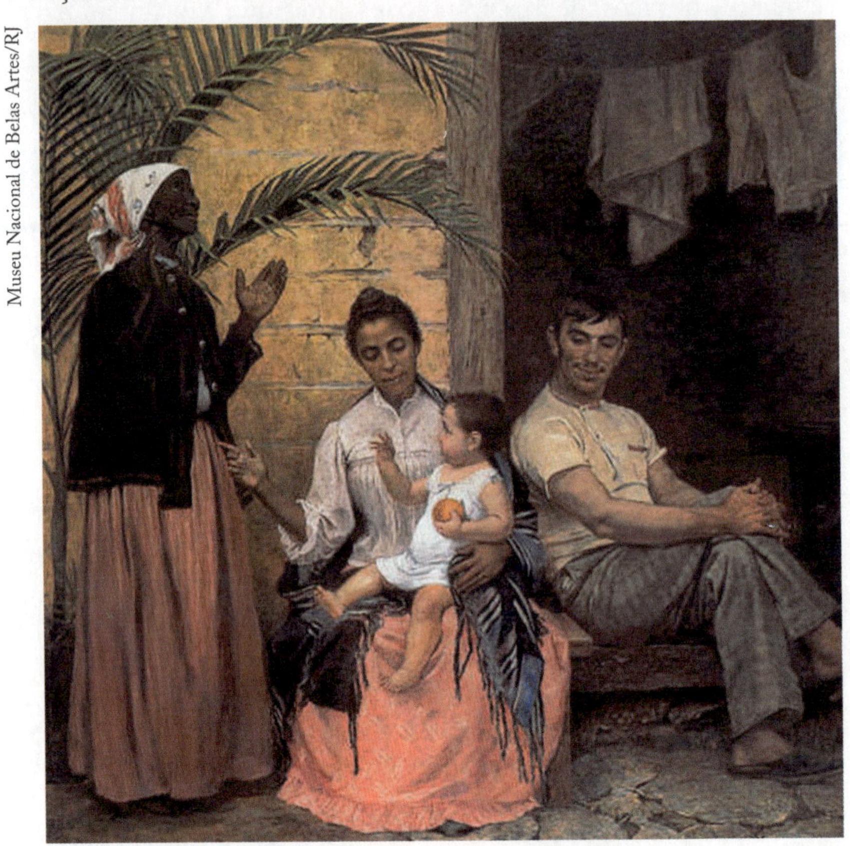

Modesto Brocos. *A redenção de Cam*, 1895. Óleo sobre tela, 199 cm x 166 cm.

Analise a tela, descrevendo primeiramente seus aspectos estéticos (como cada personagem está representada, qual a fisionomia que assumem, quais as cores que são utilizadas) e depois relacione estas características com as políticas de branqueamento que prevaleceram no Brasil do século XIX e no início do século XX. Reflita também sobre como essas políticas influenciaram a composição étnica do Brasil a partir do século XX.

ATIVIDADE EM GRUPO

Leia o texto a seguir e, em grupos, realizem a atividade.

O Brasil que se pretendia formar era livre e de cidadãos brancos. Os nacionais (mestiços, negros e brancos pobres que não tinham a cultura das elites) eram desqualificados como trabalhadores e cidadãos, mas o futuro deles poderia ser promissor através de uma "regeneração" biológica e cultural. Para a SCI (Sociedade Central de Imigração), a imigração branca cumpriria, portanto, duas funções de caráter econômico e social: uma diretamente voltada para a construção do Brasil desejado, por meio do ideal de imigrante – cidadão; outra, indiretamente ligada ao progresso do país, pelo exemplo que "as raças mais ativas e inteligentes" ofereceriam aos nacionais.

Andrea Santos Pessanha. *Revista Nossa História*, ano 2, n. 24, out. 2005.

Pesquise sobre essa polêmica e escolha e reescreva um argumento pró e um contra a política de branqueamento no Brasil. Seu grupo deve ter um aluno para defender o branqueamento e um aluno que vai contestar, vai defender a importância do negro no Brasil. Organize um julgamento em que o réu é a política de branqueamento.